毕业想去哪儿

对外经济贸易大学学生生涯规划与就业案例集

主　　编◎文　君
执行主编◎周　波　连英青

对外经济贸易大学出版社
中国·北京

图书在版编目（CIP）数据

毕业想去哪儿：对外经济贸易大学学生生涯规划与就业案例集 / 文君主编．—北京：对外经济贸易大学出版社，2015.10
ISBN 978-7-5663-1490-1

Ⅰ．①毕… Ⅱ．①文… Ⅲ．①大学生-职业选择-案例 Ⅳ．①G647.38

中国版本图书馆 CIP 数据核字（2015）第 251839 号

毕业想去哪儿
——对外经济贸易大学学生生涯规划与就业案例集

文 君 主编
责任编辑：汪友年 胡晓雪 伍爱凤

对外经济贸易大学出版社
北京市朝阳区惠新东街 10 号 邮政编码：100029
邮购电话：010-64492338 发行部电话：010-64492342
网址：http://www.uibep.com E-mail：uibep@126.com

北京九州迅驰传媒文化有限公司印装 新华书店北京发行所发行
成品尺寸：170mm×240mm 13.5 印张 213 千字
2015 年 11 月北京第 1 版 2015 年 11 月第 1 次印刷

ISBN 978-7-5663-1490-1
定价：46.00 元

编 委 会

序　言

“就业是民生之本”，大学生的就业更是牵动诸多家庭，关系社会和谐的焦点。现今，大学教育虽然已逐渐大众化，但每个步入大学的学生和家长都希冀通过大学教育获得希望中的未来。每年毕业季，看着学生们脚步匆匆地奔忙于宣讲、笔试、面试，作为学校，总是希望能为他们做得更多，希望他们能作出适合个人的选择，希望他们的求职路能走得更顺、更稳。

对外经济贸易大学作为教育部直属的全国重点外语财经类大学，一直以毕业生就业质量高而闻名海内外。本科毕业生去向主要是海外留学深造、国内读研、求职、创业等，而研究生毕业后则主要是求职。所以本书的主要篇幅集中在介绍求职篇。

求职是充满挫折的。当前，大学毕业生总量逐年增加，人才市场的结构性矛盾日益突出，大学生就业已经由卖方市场变为买方市场，用人单位在学历、专业、证书、实习经验等方面不断抬高门槛，“最难就业季”已变成“更难就业季”。面对复杂严峻的就业形势，大学生唯有提升自身综合能力，提高求职的核心竞争力，才能适应市场的需求。

求职是需要计划的。“找工作也是一项工作”，需要预先设定目标、行动方案。大学四年转瞬即逝，有计划的学生从入学就开始收集信息、关注社会动态、积累自身经验，明确地选择方向，坚定地做好准备，从容地收获成果；没有计划的学生往往平时得过且过、浑浑噩噩，毕业茫然无所、手忙脚乱。因此，要想让命运掌握在自己手中，首先要有计划、有准备。

求职是能够学习的。对于大学生来说，求职也是人生第一次，如何寻找就业信息？简历应该怎么写？怎样面试成功概率更大？Offer 应该怎么选？……这都是求职的大学生们要面对的问题。求职没有演练，每次实战都是非赢即输，唯一的捷径是：看看别人的经验、听听别人的教训，让自己能走得更远，把想要的紧紧握在手中。

《毕业想去哪儿》收录了对外经济贸易大学近几年45位毕业生的求职经验和感悟，毕业生的去向范围广泛，包含出国深造、国内深造、国企就业、外企就业、公务员就业及与对外经济贸易大学专业吻合的金融业就业。全书语言平实，事例也非常接地气，每个大学生都能从中找到可能的自己。

本书的出版，得到了对外经济贸易大学出版社的大力支持，也得到了诸多毕业生的关注，在此一并表示感谢。

编者

2015年11月

目　　录

公共事业篇

求学深造篇

企业求职之国企篇

企业求职之外企篇

企业求职之民企篇

自主创业篇

公共事业篇

我的毕业交响乐

人物简介：滕柳，女，2009届国民经济学专业硕士毕业生，曾担任国民经济学专业班长，现就职于中华人民共和国商务部。

回想求职这一年，很多场景还历历在目。面试、投简历、拼车参加各种面试、看点灯仪式、合唱团游园送别、毕业离别，这一年，经历了很多，也成长了不少。不同的经历犹如不同质感的声部汇成一曲交响乐。下面我与大家分享一下自己的几点体会，谈谈找工作一些通用的思路。

一、知己知彼，百战不殆

开始找工作之前，问自己两个问题：第一，你对什么样的工作感兴趣，从工作中你想获得什么？第二，你想去的那家单位为什么要录用你？

第一个问题可以帮你确定方向，只有知道自己想去什么地方的人，最后才能通过努力到达目的地。确定自己的职业目标是找工作的第一步。那如何发现自己感兴趣的工作呢？方法很多，实习、和已工作的师哥师姐们交流、通过平时阅读发现自己感兴趣的领域、参加公司举办的宣讲会和见面会，甚至在面试时，也能通过和面试官的交流感受到公司的氛围。当然，最好的方法莫过于实习。通过实习，你不但能对工作内容有一些感性的认识，最重要的是能亲身感受到那里的工作氛围以及同事们的风格。有人说，找工作跟相亲一样；也有人说，不是一家人，不进一家门。其实真正工作后，你会发现，周围同事们的性格及处事风格都很相似。所以，了解你所感兴趣的那家单位的风格，是很重要的。

第二个问题是要确定你需要做些什么准备。不同行业、不同公司、不同职位对人才的要求都是不一样的。因而，根据你想去的那家公司对员工的要求，有针对性地做些准备，往往可以事半功倍——因为这家公司要你而不要其他人的原因，肯定是你比其他人合适这个岗位。注意，我说的是合适，而不是优秀。往往最优秀的并不是最合适的。所以，应聘时，一定要让面试官感到你是最合适的。怎样证明自己是最合适的呢？一般分两个方面：硬件和软件。就硬件来说，主要是英语能力和专业成绩。比如，如果想去外企，GRE、TOFEL、剑桥商务英语的考试应该考虑参加。如果想去“四大”，SHL 的题需要认真看。想去银行的话，CFA 之类的证书是不是应该准备？除了英语和各类专业证书这样的硬件之外，有些软件也是面试官十分看重的。例如，如果这个岗位是外向型的，那么沟通能力、协调能力、组织能力等就是面试官所要重点考察的；如果这个岗位专业性很强，那么细心、研究能力可能就更重要。

二、两点论与重点论相结合

广泛撒网、重点培养，这句话用到找工作上绝对是没错的。上面我所说的要确定目标职位，有针对性地做准备，就是为了集中优势兵力，拿下最优的职位，这是要突出的重点。但是，我们不能把所有鸡蛋都放在一个篮子里，除了主要目标之外，其余的目标也不能放过。除了自己心中的那一两个目标单位外，其他的也要争取。海投虽然很不经济，但在时间比较富裕的时候，还是很好用的一个方法。多投些单位，多面试几次，就算是积攒经验也是有用的。如果用 80/20 法则来解释的话，就是用 80% 的时间，来准备最理想的 20% 的应聘职位，剩下 20% 的时间，就分给其余 80% 的职位。

三、心态决定一切

一定要保持好心态。求职是个很漫长的过程，是对大家耐力和意志力的考验。在这漫长的等待当中，要学会坚持，坚持每天看应届生网站和学校就业指导中心的网站，坚持投简历，坚持练习英语，坚持为目标单位的笔试面试做好各种准备。当周围的同学不停地参加面试或是已经拿到好几个录取通知书（以下简称 Offer）而自己却在宿舍宅着时，千万不要烦躁，要耐得住寂寞。当你拿到了 Offer，但却不是很理想时，千万别妥协，随便就把自己的三方交出去了，要等等看，要再给自己一段时间继续努力。以上说的这些，都是通用的，下面我再结合自己的经历，谈谈考公务员的感受。

就公务员的工作来说，不同级别、不同部门的工作内容相差较多，有的是文山会海，有的需频频出差。但有一点是肯定的，公务员收入并不高，工作也并非有些人想象的那样——一杯茶、一份报纸。事实上，工作任务比较繁重，对人的要求也很高。不过，整体氛围不错，同事们素质很高，学习氛围很浓，另外，较高的平台对开阔一个人的视野也有好处。

公务员考试分为两个部分，笔试和面试。

关于笔试的技巧和经验谈，网上很多，就不系统说了。在这里，主要谈谈自己的几点感受，供大家参考。首先，要确定自己的目标分数：针对你要考的部门和职位，参考往年的分数，确定自己的目标分数线。再通过做历届真题，找出自己的强项弱项，比照自己的目标分数，进行强化训练。其次，做题时，要以真题为主，不做或少做模拟题。真题都是很多专家集中在一起讨论研究制定出来的，其难度、科学性等是模拟题难以比及的。模拟题要是出得不好，还容易误导考生。最后，认真思考，做一题得一题，做完一题，再遇到同类型的题，应该很顺利地解出来，要达到这种效果，这一题才算是真正会了。

面试分为两轮。“一面”是结构化面试。在这轮面试中，要熟练掌握各种题型的经典答题思路，但不要拘泥于形式，要有自己见解。同时，要自信，千万别怯场。“二面”是专业面试，各司局不一样，可以结合所报司局的特点进行准备。另外，良好的精神面貌和自我介绍也是必不可少的。

最后，祝愿师弟师妹们找到理想的工作！一路高歌、前程似锦！

如何备考公务员

人物简介：王珊，女，2012届国际会议口译专业硕士毕业生，现任职于中共中央对外联络部。

2011年9月份开始，和所有毕业生一样，我开始找工作了。除了给企业投简历，也一直留意公务员的信息。很幸运的是，中联部有招英语翻译的计划，经过学院推荐，10月份，我参加了提前翻译考试，并顺利通过，随后紧张备战公务员笔试。11月底，笔试结束，稍事休息后，开始准备面试。2月底面试，再一次被幸运女神眷顾，最终录取。前后一共花了5个月。这5个月来，我收获的远远超过一份工作，更多的，是加深了对自己的了解，清晰了对未来的规划。这5个月当中，我也和别的同学一样，经历过迷茫，想过放弃，也有过背水一战。对于“找工作”，特别是“考公务员”，有很多深刻的感受。总结起来，用八个字来概括——合理战略，清晰战术。没错，如果把找工作比喻成一场战争，这两点是必不可少的。

战略篇

战略 1——确定目标

能被录取到国家机关工作，相信是很多同学的职业目标，不过我想先提出一个问题，为什么选择公务员？很多同学可能都会说，因为稳定、体面、待遇不错等，这样的回答没有错，可是也要明白，一份工作代表至少几年未来的生活状态，公务员的工作是你真正想要的吗？这个问题想清楚了，再报考公务员，相信你的职业规划会更加清晰。

我很幸运，2011 年暑假在商务部实习了两个月，对于公务员的工作状态有了一定了解。这份工作，其实并无传说的那么清闲、舒服，更多的是严格的管理、繁复的工作以及经常加班加点，但同时，这是锻炼综合能力非常好的平台。实习结束后，我意识到自己是适合公务员工作的。

因此也想建议各位有志报考公务员的同学，在相关单位实习是非常难得的机会。实习期间，要主动承担力所能及的工作，从工作中，可以比较直观地看到自己是否有潜力做好公务员。不然，即使最后考上了，发现自己不喜欢这份工作，也非常可惜。

战略 2——分配精力

人的精力是有限的，决定考公务员，意味着要占去很多精力，而最终并不一定能被录取。我建议最好不要抱着纯粹碰运气的想法报考，因为就我自身经历看来，考试还是比较难的，如果决定报考，就要认真准备。

9 月份通过中联部翻译测试后，我的日程表就只剩下考公务员这一项了，的确有点冒险意味，但也不是完全冲动下的安排。一方面，公务员笔试对我而言较难，有足够的时间投入才能增加成功的几率；另一方面，就算最后失败，还来得及在下学期找别的工作。

值得一提的是，虽然我在准备考试期间没有花太多精力找其他工作，但是学校的就业指导说明会以及所在英语学院的就业指导会议，几乎场场都到。学校的讲座具有普遍指导意义，可以从比较宏观的角度帮我们树立较好的就业观，并有一些适用于不同单位的技巧经验。学院里的会就更有针对性了，都是领导和老师从我们专业角度出发，精心安排的内容，更具实用性，非常值得我们认真学习，建议各位同学要重视起来。

战术篇

战术 1——备战笔试

公务员笔试分两科，行政能力测验（简称“行测”）和申论。行测全部是客观选择，分为言语表达、数量关系、逻辑推理等；申论有点类似作文，更多贴近时事和国家大政方针。

笔试我准备了两个月，其实没有特别的方法，就是老老实实学习。教材上，我除了课本还买了近 10 年的真题和另外 10 套模拟题。根据要学的知识，制定了一个时间表。第一阶段，花了两个星期左右把课本自学完成，主要任务是把要考的内容都过一遍，掌握全局。第二阶段时间更长，大概有 5 个星期。这段时间是再仔细回顾一遍课本，并在此基础上做题，争取一天一套行测、两天一套申论题。做题时一定严格按照考试时间，甚至比实际考试时间少 10 分钟，以培养速度。当时准备的时候，我周围很多同学更喜欢做行测，因为这一科的进步速度比较明显，基本做了几天题以后，准确率就会大大提高，但对于申论，大家普遍不太喜欢，觉得麻烦。但这样的“麻烦”，还是希望大家努力克服。我认为在准备过程中，不仅行测要做，申论也要下笔写。说实话这个过程挺痛苦的，申论有固定的格式，刚一开始会很不习惯，不过坚持下去的话，虽然效果不是立竿见影，却一定会慢慢提高。第三阶段大概一个星期，是最后查漏补缺的阶段，一方面把之前做错的题好好整理分类，再做两三遍；另一方面根据错题回看课本，追本溯源。三个阶段共两个月，我这两个月的紧张程度不亚于高三，除了一些必要的事情，几乎所有的时间都是在看课本、做真题、总结错题中度过的。过得比较艰难，但是我坚持下来了。建议各位报考同学，一定要有心理准备。既然决定了报考，无论遇到多大的困难，有多么不情愿，都要尽力去克服。

战术 2——备战面试

笔试结束以后，可以稍微休息两个星期，但是不能就此大意，因为在公务员考录中，面试和笔试的分数占比几乎是相当的。公务员面试有固定的格式，没有经过系统准备，仅凭临场发挥，不仅难拿高分，也会留下前功尽弃的遗憾。准备面试期间，我主要分了两个阶段，一共用了 4 个星期左右。面试分为两大块，结构化面试和无领导小组讨论，前一个俗称“单面”，就是考官们一起考一个考生，后一个俗称“群面”，就是同时考察一组考生。这两种面试都有固定的题型，每种题型在教材里都有介绍以及相应的题目。准备过程中，要先把这些题型和基本回答思路掌握牢固。我在准备过程中，把所有题目都背了下来，但这还不够，因为在回答问题时，考官要的不是背课文的机器，所以一定要多多演练，尽量做到回答问题时神情自信、举止大方。个人认为，要做到这一点，需要在准备过程中渐渐培养一种公务员的意识，不要只想着这次面试，而要想到如果真的成为了一名公务员，自己应该表现出什么职业形象。我在准备的过程中，刚开始只是觉得把所有题目背好就行了，但渐渐有了一种朦胧的意识，意识到自己以后在工作中真的是要代表国家去履行职责，替人民排忧解难。有了这种心态，面对许多考题的时候头脑中就会有一个更大的背景，相应地就不会觉得手足无措。在这个阶段，建议找几个同学当考官，实际体验一下，也可以把自己回答问题的样子拍成视频，好好挑毛病，精益求精。

结语

经过 5 个多月的紧张准备，加上一些机遇，我很幸运地被录取了。接到通知后，除了喜悦，更多的是感恩。表面看来，我经过努力最终进入了中央机关，但实际上这绝非我一个人就可以做到。在这期间，学院领导和辅导员悉心为我们组织就业指导会议，也在平时给我们提供许多建议，帮助我制定合理的就业规划，树立积极的心态。

我的老师、同学、家人给了我莫大的支持，在每一次我觉得坚持不下去时，他们鼓励我、支持我，让我一次又一次选择了坚持，并一直走到了最后。

写给平凡的大多数

人物简介：王晓越，女，2013届阿拉伯语语言文学专业硕士毕业生，曾获国家奖学金，多次获得综合奖学金、校级优秀毕业论文奖，现就职于人民日报社。

毕业后，我开始试着梳理过去这一年的记忆：迷茫的9月，纠结的10月，繁忙而不知所向的11月，心态逐渐放平的12月、1月，没有着落却也淡定度过的春节，直到尘埃落定的3月——我在惠园的第六个年头过得一如我当年入校时纠结起伏。如今，回头看看当时的自己，对于那时的彷徨无措已能一笑了之，而这半年时光教会我的从容、平和与淡定却已长存于心，这也正是我想要与大家分享的东西。

说来惭愧，从进入惠园的第一天起，我便将自己定义为一个“不想当将军的士兵”，对于大学生活的期许简单而质朴——轻松而开心地过每一天，永久摆脱类似高中时期的紧张与压抑。本着这样的思想，我义无反顾地投入了“众数”的快乐生活：周一到周五混迹于行色匆匆的人群，来往于专业课与双学位课的教室之间，双休日看看书上上网或与三五好友小娱小乐一番，寒暑假则背上行囊去寻找我心中的“世外桃源”。再到后来，到了高年级和研究生阶段，参与了一些老师的科研项目，也偶尔给师弟师妹代几节专业课，日子变得稍稍忙碌了起来，但安闲自在仍然是生活的基调。这样怡然自得的校园生活着实令人留恋，我常常希望这样的美好时光永远不要结束，而至于“人生规划”、“若干年后，自己希望成为什么样的人”，则是我从未思考过的高深命题。

然而，再美好的时光也是有尽头的。9月伊始，就业指导中心一条“提醒各位毕业生及时返校，积极为找工作做准备”的通知短信犹如“当头棒喝”，将我从我的乌托邦中拉回了现实——迷茫的9月猝然来到了。第一次打开“应届生”、“大街网”、“智联招聘”这样的网站，被纷乱的“求职大礼包”和五花八门的招聘信息弄得一头雾水，面对着爆炸的信息，突然有了种抓不住重点的力不从心。然而，出于对毕业后待业在家无事可做的恐惧，还是随着大流开始了漫无目的的网申。因为不知道自己究竟想干什么，甚至连工作或继续求学的判断都没有明确作出，只能以“扫街”般的气势乱投一气，所有专业相关的职位或不限专业的职位，只要有网申通道，基本上投了个遍。这种疯狂的网申活动耗费了我大量的时间和精力，就如同突然溺水之人的本能挣扎，用尽全力却毫无收效。在10月到来的时候，9月的疯狂网申开始初见成效了，陆续收到了不少的笔试通知，行业也自然是五花八门，从银行到网络公司、培训机构、快销公司、媒介公司等，可谓无所不包。顺着最初的新鲜劲儿去了几家笔试，可不久我便对这种盲目的笔试产生了强烈的厌倦——参加一个最少要耗费半天的时间，而我也确实没有想好自己想干什么，没有想要得到的欲望自然也不会为之努力，所以基本都是裸考，笔试虽多但大多是尽职尽责地当好“炮灰”。于是，我开始思考自己想要的究竟是什么，自己的优势究竟在哪里。通过分析，我初步得到了这样的结论：从能力方面来看，专业成绩相对较好，有一个金融的双学位，有一些科研经历，比较擅长写东西，这是我最显著的优势。从个人气质方面来看，我比较好静，给人感觉相对稳重，做事比较细致有责任心，但全然不是巧言善辩、长袖善舞的类型。从性格方面来看，不算难相处，但多少有些自己的坚持，有那么一点不合时宜的“小清高”和“小酸腐”。有了这样的认知，便果断去掉了一切要求较强人际交往能力的职位，然后又明确了自己对“学以致用”的坚持，最后为自己规划了三条路线：其一，继续读博，然后任职高校；其二，本专业相关的媒体类工作；其三，银行的小语种计划。而这三种选择又分为两个层次，也就是“想干”和“可以干”。前两个之间难以取舍，而银行则被我划入了“可以干”的行列，虽然本科期间修过金融双学位，但初衷只是为了让自己对得起“贸大人”的身份，缺乏兴趣的驱动，于是，渐渐地，银行相关的招聘信息也就不再关注了。这样一来，“找工作”的范围便缩小了很多，能投的只剩下央视、新华社、外文局、国际广播电台等为数不多的几家，而“考博士”就如同既有生活的自然延续，并不算一件太费心力的事，于是，繁忙的毕业季变成了一场类似“姜太公钓鱼”的游戏，等待和准备自己成为了生活中的主题，而在这种一个 Offer 也没有的状态下，“等待”则更像是与不可遏制的焦虑之间的博弈，值得庆幸的是，我赢得了这场博弈中的主动权。

说到这里，我最无助纠结的时光已经告一段落，平复心态之后，生活又回到了正轨，继续写论文，跟着导师做项目，给师弟师妹们上课，而“找工作”这件事却有了云开月明般的转机——12 月初收到了《人民日报》小语种采编岗位的笔试通知，然后顺利通过，转年参加面试，3 月正式签约。这是我找工作以来唯一的 Offer，也就是我现在的工作。

回首这段经历，能分享给大家的技术层面的东西并不多，因为我并没有十分丰富的笔试、面试经验，也没有尝试过在众多 Offer 之间艰难取舍的甜蜜惆怅，便在如何调整心态、“等待”最适合自己的机遇这个问题上赘言几句。

首先，找工作是一个双向选择的过程，讲求那么一点缘分和气场相投，就好比恋爱，“你情我愿”才是“结合”的基础，决不能为了有个着落而草率“嫁掉”自己，也不必为了“高攀”而费心矫饰。因此，事先分析清楚自己是什么样的人，适合什么样的工作，喜欢什么样的工作是十分必要的，否则极有可能陷入我之前那种盲目纠结白费力气的误区。另一方面，既然讲求“气场相投”，那么，面试中的“伪饰”便全无必要，毕竟一个人的气质是长年累月形成的，若没有“影帝”的资质，演出来的很难骗过面试官犀利的双眼。退一步说，就算通过某种形式的矫饰得到了一份很好的工作，如果实在不适合自己，就好比买到了一双好看却磨脚的鞋，多少有些鸡肋的感觉。无论如何，第一份工作会决定自己一段时间的生活状态，认真对待这次选择，用真实的自己邂逅一份让自己感到舒服的工作是对自己负责也是对单位负责。

其次，俗话说好事多磨，所谓“机遇”往往来自绝望中的坚持。在最灰暗的一段时间里，我刚刚将媒体确定为自己的唯一择业目标便遭遇了央视、新华社简历筛选不过及外文局、国台笔试后杳无音讯等一系列“打击”，甚至连我现在这份工作的笔试通知都是作为“备选”获得的。也曾怀疑过，这种不顺是不是证明我根本不适合媒体这个行业，也曾突然自尊心膨胀，觉得既然人家将我当做笔试的备胎，那么索性不要去了。不过我庆幸理智战胜了情绪，如果没有当初的那份坚持，便也没有如今的这份工作了。

最后，不要将任何人作为自己的参照系，相信自己是独一无二的，会有属于自己的精彩人生——这也正是摒除焦虑的关键。我们之所以会焦虑，很多时候都是因为被大众审美绑架了梦想，以别人的价值观定义了自己所认为的“好”，于是，我们开始变得贪心，想要得到一切公认为“好”的东西，而忘记了自己想要的是什么，适合自己的又是什么。回族作家张承志有句话我很喜欢：经历不能替代，人人都在生活。用它与大家共勉。我们还年轻，有大把的时间和经历可以用来为理想奋斗，大可不必用各方“现实的压力”过早缚住自己追逐梦想的脚步。面对生活，我们需要心存敬畏，但这敬畏应该奉予未知的人生历程，而非琐碎的生活本身。人生原本便是一场经历，总觉得在有限的生命中经历过自己所想经历的一切才算不枉此生，相比安逸富足的生活，经历是一种更为宝贵的财富，毕竟，“我们追求的并非仅一生存而已”。

我的求职经

人物简介：徐翔，男，2014 届法律硕士专业毕业生。曾参加香港大学、新加坡国立大学的短期交流项目；本科期间连续四年获得综合一等或二等奖学金，研究生期间获得两次国家奖学金；获得商务部 2012 年首届中国 WTO 法模拟法庭比赛全国第一名、原被告书状全国二等奖。现就职于新华通讯社。

转眼之间我已离开学校成为职场中人。回过头来，审视在贸大的求学路，尤其是研究生三年的求学路，锐意进取是我的一大标签，这也最终使我能够拿下 15 个 Offer，并签约新华通讯社。开始找工作的时候并未想到自己最后能拿到这么多 Offer，但是反观之前走过的路，我还是有很多经验想与大家分享，希望能对学弟学妹们找工作有所裨益。

一、找工作前需要准备什么？

找到一份好的工作，是需要很长时间的各方面积累和准备的。“机遇偏爱有准备的人”，如果准备不足或者毫无准备，那么可能就会面临处处碰壁的状况。

总的来说，虽然一份漂亮的、有条理的简历会让面试官眼前一亮，但最重要的还是简历中所反映的你这几年的求学成果。一份传统的简历应该包含教育背景、实习经历、实践活动、所获荣誉、个人技能及自我评价等方面。

作为教育背景这一块，用人单位需要与职位匹配度较高的教育背景，尤其是某些传统央企、国企可能对教育背景要求更高。例如，很多要求法学专业（科学硕士）的岗位，因为我是法律专业（专业硕士）就无法填报，哪怕报了可能都无法通过简历筛选。

实习经历是衡量一个人是否具有相关岗位工作经验的直接依据。一般来说，用人单位不会苛求应届生具有丰富的工作经验，但实习经历几乎都会在面试中被问到，因此能够找到和所学专业匹配的、比较顶尖的单位实习，对于求职具有很大的帮助。我在面试中，几乎无一例外地被问到了之前在律所的实习经历，如果我没有实习经历或者编造实习经历，很容易就会被面试官识破。

实践活动是反映学生参与校内外各项活动的标准。这对于求职是一把双刃剑，因为有些单位喜欢外向型的，因而参加很多的实践活动会加分；但有些单位喜欢内敛的，所以过多的实践活动可能会招致单位的反感。比如，我参加的各项模拟法庭比赛，并获得的国内外大奖，在应聘律所时候，就很被看重，也成了我的加分项；而在面试央企、国企时候几乎没被问及。

对于所获荣誉这一块，越好的单位越喜欢获得高层次的奖励，但是一般的单位，如果写了很多国家级的奖励，反而不容易通过。因为他们会担心留不住人。

个人技能及自我评价要突出反映自己通过了哪些英语水平考试、职业资格考试等，尤其是岗位对英语水平、职业资格有要求的，更是要尽量体现在简历中。

因此，总体来说，找工作其实是之前几年自己在校各种经历总的反映和展示，如果没有厚积就不可能薄发。

二、网申、笔试、面试

网申是求职的第一步。大多数单位是通过网上填写相关信息进行职位申请的，也有一些单位是通过发送简历到指定邮箱进行网申。对于网申，我并无过多经验可谈，唯一一点建议就是要及时关注学校就业信息网、“应届生”等求职网站，不要错过任何一个机会。可能高峰时期，每天要填写几家单位，很容易烦躁，但一定要沉下心来，认真填写。

笔试在求职过程中有很重要的地位，如果笔试没有通过，可能之前所有的努力都白费了。同时，由于笔试比较客观，因此成为了是否能进行到下一环节的一大门槛。笔试只需按照国家公务员考试标准去准备即可，因为几乎所有单位都会考行政职业能力测评的内容，部分单位还会考类似于申论的写作题，只不过难度比国考简单不少。同时，有志于进入银行工作的同学，还应准备金融方面的知识，因为银行业笔试都无一例外会有专业考试，这对于非金融专业的同学来说会有一定的难度。例如，我获得学院内推中国工商银行北京分行的资格，但是由于笔试没有通过，求职之路也就到此为止了。

面试是除去体检、政审外，公司是否要录用你的最后一步。能够进入面试阶段，说明公司人力资源及部门负责人已经有意愿和你见面，因此沉着应对，稳定表现，是我的面试风格。无领导小组讨论网上经验太多，这里不再赘述，仅谈几点我在面试时最深的感受：做自我介绍时，要有条理，不要照着简历重复；无领导小组讨论，要摆正自我，不抢话，不沉默；“单面”的时候，要落落大方，就像平时与朋友、同学交谈一样，将自己介绍给对方。

网申、笔试、面试是找工作最重要的三步，我投递了近百家公司，网申通过率将近60%，笔试通过率60%，面试通过率80%左右。较大的投递基数和较高的通过率，保证了我最后能拿到不少Offer。

三、用什么样的心态去面对求职

求职的大半年时间，是我最难熬的一段日子。相较于单纯的学习来说，求职不可控的因素太多，很有可能单位之前答应给你发Offer，过几天就收回了；曾拿到一家央企Offer，但由于公司岗位需求发生变化，Offer被取消，度过了一个最失落的春节。也许临到笔试，却出现突发情况：我在去年11月的时候，因为在国考前一周突发身体状况，而最终以1分之差与外交部考录失之交臂。我不断地调整心态，敢于面对挫折和接受挑战，最终在2014年上半年找工作中所向披靡，接连收获了几个重量级 Offer。

因此，我在这里想说，人生不可预测性太强，你无法预测下一秒会发生什么。此时，应该有一颗乐观、豁达和坦然的心面对求职过程中的得失成败，不自负、不自艾，将求职进行到底！

四、新华社求职浅谈

新华社作为国务院直属事业单位、国家通讯社，代行部分国家对于舆论传播和监管的职能。由于其特殊的地位，新华社对于人才的需求可谓非常严格。

通过和新入职的同事交谈，大家无一例外都是名校硕士毕业、中国共产党党员，且在校期间担任重要学生干部、参与多项重大活动、获得多项奖励和荣誉称号等。因此想要获得新华社 Offer，苦练基本功是前提条件。

新华社的网申开始于 11 月底、12 月初，网申内容和普通单位并无两样，同样是需要根据自己的专业进行申报。新华社所有后续通知都以短信形式发出，因而网申后务必要保持手机畅通。通过网申后，考试之前需要将准考证和个人信息表打印出来，找学院签字盖章，作为政治审查的一部分。

新华社的笔试安排在 12 月 21 号左右，主要由客观题和主观题构成。客观题主要考察时事政治，主观题考察写作能力。总的来说，新华社笔试是比较特殊的，基本考察一个人的政治素养、对于时事政治的敏感度、写作水平等能力。笔试后半个月左右，笔试成绩将在新华社内张榜公布。

新华社的面试由各部门单独进行。以办公厅为例，我接到面试通知已是在 2 月末。面试由办公厅副主任牵头，各科室主任联合单面。主要包括自我介绍、面试官提问等环节。面试官提问涉及简历各方面，尤其是会问到关于文章写作的问题。

通过面试后需要安排为期一周的实习，以便用人部门更好地考察。新华社实习分为第一批和第二批，基本上是优先考虑第一批。在第一批有重大问题或自动放弃的情况下，才会让第二批递补。实习内容各个科室有所差异，但会让你亲自参与科室日常工作。通过实习一方面能够让用人单位进一步考察你，另一方面也有利于自己确定是否适合新华社工作。等到第二批实习完了，新华社会统一作出决定，安排体检和签约。

从2013年12月网申到2014年4月签约，新华社“战线”将近5个月。可能中途很多人会放弃，但我坚持了下来，找到了适合自己的工作。

五、他山之石可以攻玉

回首贸大求学路，回首一年的求职过程，内心感慨良多。可能我在人群中不算最聪明的人，但我能够面对困难不断进取，善于总结经验教训，持续调整自己。

最后，我想说：“找工作之路，漫长且充满挑战。不放弃任何一个机会和一丝希望，做好充分的准备。锐意进取，做更好的自己，成功终将属于你们！”

“大处”先着想　“细处”多着手

——我的求职经历与体会

人物简介：梁奥博，男，2010届法学专业本科毕业生，法学院第十六届学生会主席，现就职于北京市朝阳区人民检察院。

我觉得能找到一份自己喜欢的工作对一个人来说是非常幸运的。在此，我想跟大家分享以下几点：

一、确定奋斗目标，做好前期准备

大学毕业是一个人重要的转折点，毕业后何去何从要早想清楚。我所说的“早”我认为在大三上学期是比较合适的。职业选择是个大问题，也许刚上大学就在思考它，这很正常；我们的目标会时常变化，这也很正常。我在大一的时候想的就是考研深造，但后来随着自己阅历的增加想法发生了变化。但是无论怎样变化，我都建议大家在大三的时候一定要把自己的目标确定下来，是考研，是出国还是求职，尽量不要犹豫不决。因为明确的目标会给你更多的时间把前期准备工作做好。如果确定本科毕业后就业，那么我建议在大三上学期的时候就学着做简历。一份简历区区一张纸，看似简单但实则有很大的学问，即使到大四开始求职后，你会发现自己的简历还是在不停地被修改。其次，就是在大三下学期的时候或者寒暑假的时候找一份有意义的实习，我所说的有意义主要是指你能在这份工作中学到东西，哪怕是再小不过的事情，哪怕是一些待人接物的常识也好过你从来都没去工作，只是拿一份实习证明来应付。因为我们要的是经历而不是苍白的证明。最后，也是非常重要的一点，那就是充分利用在校时间，努力学习。这也是我想提醒大家的：实习在于精而不在于多。我不赞成一些同学为了一份实习不惜逃课的做法。因为在校时间是非常宝贵的，如果你觉得在学校学不到东西不如去实习，其实是你在混日子，是你真的没有用心。如果你把心思花在学习上，那么就不会觉得在校时间没意义，因为你会发现自己还有好多书没有看，还有好多知识没学懂。因此，我建议大家在学有余力的情况下再去找适合自己的实习。在校期间夯实自己的专业知识，尤其要把外语学好，这会在你今后的求职之路上大有益处。

如果已经确定了毕业后求职，那么需要思考的是自己究竟想找一份什么样的工作，是想进外企还是国企，是想做业务还是做管理，这些都要想清楚，也只有自己知道自己最想要什么，在这一点上，其他人只能提出建议，关键还是要自己选择。然而面对如此激烈的职场竞争，想找到一份自己完全满意的工作是很难的，所以除了自己最喜欢的工作之外，还要有几个备选的答案。例如我当时在求职之前，就想自己最好能当一名公务员，如果当不成那就去国企；最好是继续做本专业的工作，如果不行那我就去做销售，因为我觉得自己的性格比较适合。确定好目标后，接下来就是好好准备了。为了能在专业上更有竞争力，我利用暑假的两个月时间认真复习司法考试，最后顺利通过。对于法学专业的学生，司法考试是非常重要的，它会大大增强你的实力，其他专业的同学，我建议利用暑假找一份实习，它会成为你今后求职的砝码。

二、摆正心态，积极应对

正式开始求职后，你会发现各种信息每天会大量地涌来，这时候一定要有所取舍；你会发现自己总是在焦急地等待投出去的简历的结果，这时候一定要调整好心态，要对自己有信心，要相信只要自己大学里是努力的，没有虚度光阴，那么就一定能找到一份满意的工作。这里要说的是，我们学校的牌子是很有竞争力的，所以也要对自己的母校有信心。整个求职过程，11 月份是最难熬的，因为自求职开始，已经投出去了不少简历，也参加了不少面试，很多公司已经开始出结果了，也许身边的同学已经开始陆续收到 Offer 了。这个时候，切莫焦躁，一定要对自己有信心，因为这才仅仅是开始，后面还有很多机会。除了摆正心态，还要积极付出，求职的道路是很艰辛的，所以几乎所有人在求职时都会大量投简历，这就是我们俗称的“海投”。也许很多简历投出去之后就杳无音讯了，也许这段时间里你会不停地面试，这时候就要以一个良好的心态去积极面对。多去面试不是坏事，即使这个工作你最后不要，也可以积累面试经验。每个人都无法肯定自己一定能找到最满意的工作，因此要争取多拿 Offer，多给自己一些选择。我在自己这一年的求职之路上，拿到过私企、外企、国企、政府机关等不同类型的 Offer，尽量拓宽自己的选择面。

三、注意细节，讲求技巧

细节决定成败，这句话放在求职上也不为过。比如，简历的字体是否统一、行间距是否一致，比如着装是否得体，看似简单，实则非常重要，因为它体现着你的态度。这一点我觉得我们学校的学生普遍做得都非常规范，非常专业。需要注意的细节很多，我在这里也很难都说到，需要大家自己在求职时用心体会。同时，求职时也要讲求一些技巧。比如，开始求职后，最好制作一个表格，记录都投过哪些公司，哪些给了面试的机会，哪些没通过网申等；比如，我们可以把自己做过的网申收集起来，保存好，因为好多公司的网申都要填写同样的信息，甚至很多公司的网申问题都是非常相似的；再比如可以事先准备一份英文自我介绍，也可以准备一些常见的问题，如在大学里做得最有成就感的一件事、最难忘的经历等，好多公司都会要求用英语谈这些问题，如果事先有准备，那是非常有帮助的。

四、谨慎签约，力求诚信

我们很多同学都会拿到不止一个 Offer，那么如何去选择是很关键的。拿到 Offer 后不要草率地签约，一定要谨慎，仔细考虑，结合当时的时间和背景，想想这到底是不是自己想要的工作、还可不可能有更好的工作机会出现、自己有没有实力找到比现在更好的工作。当然这是一个博弈的过程，做这样的抉择非常艰难，只能靠我们自己。我身边有很多这样的同学，他们找到一份工作后不久就收到了更好的 Offer，但由于已经签了三方协议，所以不得不放弃后面的机会。当然，一旦签了三方协议，就要力求诚信，信守承诺。这一方面是对自己负责，另一方面也是对学校负责。

求职是人生的一个非常重要的转折点，需要我们积极应对。以上就是我的一些粗浅的体会，希望对大家有所帮助。最后，与大家共勉，祝我们都能在职场上获得成功。

梦在前方　路在脚下

人物简介： 王春萌，女，2011届行政管理专业本科毕业生，曾任公共管理学院学生会主席、团总支副书记，曾获国家励志奖学金和学校“祝福北京，喜迎奥运”演讲比赛一等奖，现供职于北京市东城区和平里街道办事处。

做了几年的资深学姐，和低年级的你们一起经历过的惠园生活，是我大学里很重要也很难忘的记忆。现在，我已经开始习惯在单位被人叫小王，而你们也已经大四了，但如果2010年7月到2011年7月的这一年里我走过的路可以对你们有所帮助，我很愿意回头整理一下，与各位分享。

每次有机会和学弟学妹交流，有些事情我都会一次又一次唠叨，这次我也还要从这些事开始。第一，如何做好一件事很重要（比如选复习材料、制定合理的复习计划等），但是选择（比如你是考研、工作、出国或是其他），也就是做对的事情，这更重要。如何作出对于自己来说对的选择？这就是第二点——明确自己的目标，目标会告诉你什么选择是正确的。我想做什么，想成为什么样的人，想过怎么样的生活，这些看似简单的问题，我现在还会经常问自己。第三点，这就是前面提过的，做成，这里面技术性的东西多一些，也是我们可以通过请教、借鉴和自我完善得到突破的。

如果按先后顺序排，应该是：确定自己的目标→选择对的事情→做成它。其实这个道理可能每个人都知道，我之所以又老话重提，是因为有很多人选择考研是由于还没做好就业的准备，选择考公务员是因为家长的压力，选择工作是畏于继续学习的艰辛……未曾想过未来，被动或随意地做了选择，然后一股脑地投入时间和精力去实现，这真的是一种冒险，我希望起码看到这篇文章的你们，心里已经做好的那个决定是你真正想要的，是你为了梦想而迈出的一步。

大一到大三，我做过很多的实习、兼职，我做了三年的学生活动，我也曾试过致力于学术……虽然有成功有失败，但是从不断的尝试中，我知道了我的优势和缺点，知道了做哪些事情会让我废寝忘食，做什么工作会让我感到实现了自我价值，以及哪种职业让我心向往之。所以在大三结束时，我再次确定了我的梦想——成为一名公务员，也做了让周围很多人不理解的决定：同时准备考研和考公务员。我也知道放弃 9、10 月份找工作的黄金时间意味着什么，但是为了理想，我愿意破釜沉舟。另外，因为我从大一就开始为工作做准备，所以即便是研究生和公务员考试都失败了，再回头找工作的代价我也有承担的准备和信心，希望各位学弟学妹在做决定之前也想好自己是否有承担责任的勇气和准备。

考研是因为大学前三年的生活太忙碌，我想让自己停一下脚步，稳一下心态。考上了当然好，可以在全国行政管理专业领域里数一数二的学校里深造，这对于我的个人成长和职业发展都会大有裨益。即便考不上，专业课和政治的系统复习对我日后准备参加的公务员考试也会有所帮助。事实证明，这半年的考研经历不仅让我长时间处在备考的状态，也使我在准备公务员考试时省力很多，更重要的是，对于性子有些急又稍有浮躁的我来说，考研更是一种内心的修炼和沉淀。

我只参加了国考和京考，并没有报名其他省市的公务员考。国考是在 2010 年 12 月 5 日，京考是 2011 年 4 月 9 日。我花了一个月准备国考笔试，差 3 分进入面试（在公务员考试中差一分就差很多人）。在京考的时候我没有重新做系统的复习，只是做了几套真题，成绩还可以，但是在进入面试中的 5 人中我排第四，和第一名差 16 分，所以在京考的面试上我下了很多功夫。因为国考和京考的考试形式、题型等都差不多，而且是很多地方公务员考试的风向标，所以我下面就笔试、面试两部分分别说明。

一、公务员笔试

因为国考是和考研同时准备的，所以基本上可以保证每天都去自习。复习大约从 10 月底正式开始，先是摸底，计时做了一套真题，行测没有做完，数量关系和资料分析算了很长时间，申论写得和议论文差不多，而且感觉无话可说。我在网上公务员论坛上找了一些别人公务员考试的经验，也咨询了一下学长学姐和一个早早开始准备国考的朋友，初步制定了自己的复习计划。

复习资料：我用的辅助资料有政府工作报告、《理论热点面对面》、《人民日报》、《半月谈》和《瞭望》等。

提示：行测和申论的关键是做真题，哪一家培训机构出的书其实不太重要，有时间的话在网上下载也可以，因为公务员考试是不公布答案的，所以书上给的答案以及解释可以参考，但不能迷信。看政府报告以及报纸杂志上面的评论员文章时，可以整理一下现在社会主要的热点问题，将其归类，然后分析其背后的原因、产生的影响以及解决的方法，再形成你自己的看法，同时可以借鉴一下这些文件和文章，记住某些既主流又有创新性的观点为我所用是有必要的。

行政能力测验：每年都可能会有一些变化，但是基本上是分为言语理解、数量关系、资料分析、逻辑判断和常识判断五部分，有的部分还有细分，比如逻辑判断就有图形推理和逻辑推断。考试时间为 120 分钟，一般为 135 道题，每一部分后面会有参考时间。

提示：行测的题量大、时间少，很少能够有人在保证答题质量的前提下在规定的时间内做完所有题，如果认真复习，成绩一般在 60~70 分左右，能够达到80分的人很少，90分的更是凤毛麟角。所以，我认为不必要求自己所有的题都真正地作出来，可以在复习的时候找出自己的优势项和劣势项，再安排好答题策略，抓大放小，适当放弃，避免出现诸如用将近40分钟做完数量关系结果错了一半，却在交卷的时候发现没有时间答自己比较擅长的常识判断题这样的悲剧。当然，答题策略要兼顾自己的情况和题的分值，虽然行测题的后面并没有标清分值，但是可以参考一下每道题的建议做题时间。

申论：试题会有几页未经整理的材料，然后一般是四道题，分别为概括总结、分析原因、阐述影响以及申论写作，近几年国考和京考的申论已经不完全拘泥于这几个题型，但是考察的基本点还是考生的阅读理解、概括归纳、综合分析和语言表达等能力，所以在复习的时候做一下这些方面的思考有助于我们在考场上应对新的题型。最后一道申论写作是让你用大概800~1 000字来谈一下对材料中某个问题的看法，切记不要写成散文甚至是夹叙夹议的记叙文，还有一定要结合材料，不要跑题。

提示：可以毫不夸张地说，公务员考试成也申论，败也申论。行测的题多，每道题平均分值小，大家各有所长，所以分差不会太大。但是申论不一样，如果你思路清晰、观点正确、分析透彻、对策可行，而另一位考生写的雾里看花、隔靴搔痒，那么你们的分差在30以上非常正常。所以，希望要参加公务员考试的同学一定要重视申论。从我自己以及很多人的经历来看，好多人在申论复习上有一个误区，就是相信模板和万能话术。我建议大家，观点和思路可以借鉴，但是千万别走背范文、模板这条“捷径”。申论其实考察的是一个人分析和解决问题的能力，是思维的严谨性和逻辑性，更是有志成为公务员的各位考生对于社会热点问题的见解以及你是否拥有胸怀家国的高度，所以说句老生常谈的话，功夫练在平时。

复习安排：具体的时间安排我现在也不太记得清了，但是近几年的真题是一定要做的，无论是国考还是京考。如果觉得复习还有余力，可以参考一下沿海发达省市公务员考试的真题。我的复习安排如下：第一轮整套计时做题（留近两年的真题做考前模拟），真题的数量有限，我觉得可以提高真题的利用率，比如准备一个答题本，对答案的时候既可以知道自己哪一部分错的比较多，也可以避免记住某道题的答案。第二轮复习，对于第一轮复习中错误率比较高的几种类型，有针对性地看教材、做练习题。第三轮复习，重新做一遍真题，弄清每道题的对错。最后，再看一下错误比较多的题型，如果实在是无法提升的，就适当放弃。复习计划一定要自己量身制作。

二、公务员面试

很多人都说，笔试是资格赛，面试才是真正的决赛，这句话真的一点也不夸张。因为最后的综合成绩是笔试和面试各占 50%，但是笔试的满分是 200，面试的满分是 100，所以在你的综合成绩中面试成绩只除 2，而笔试成绩要除 4，而且面试的成绩浮动往往较大，贸大的学生因为参加校园活动和社会实践比较多，在面试中一般还是比较占优势的。另外，从我自身和周围同事的经历来看，公务员面试还是比较公平的。

公务员面试采取的是结构化面试。何谓结构化面试？我们平时找工作的时候一般做的是经验型面试，就是面试官会结合你的经历来考察你是否具备某一职位要求的素质和能力。结构化面试就是同一职位的面试中，考生在相同的时间内回答同一套面试题，由同样一批考官来对考生素质进行判断。

面试有四道，时间 16~20 分钟，经典题型一般为综合分析、计划组织、人际关系和情景应变，有听题和看题两种形式。综合分析一般是分析社会热点，很像是口述的申论，可以把之前复习申论的材料拿出来看一下。计划组织类的问题一般让你组织某项活动或者工作，如果在学校负责组织过一些稍有规模的活动，这道题应该是加分题。人际关系类的问题应秉持一个原则，就是先反思自己，而后尊重领导、团结同事，最重要的是工作为先，不可让人际关系对你的工作产生消极影响。情景应变题一般是最后一道，一般回答得合情合理就可以。至于听题和看题，平时练习时都要练一下，因为只有走进候场室的时候你才知道采取的是哪种形式。面试是一定要准备的，而且最好是找几个“战友”一起准备，相互轮流当考官和考生，既可以锻炼答题技巧，又可以发现自身问题，还可以了解考官心态。京考面试我比第二名高了近 30 分，我们一同模拟面试的 5 人中，有 3 名成功考取了公务员。

三、社区工作者考试

在准备京考的同时，我看到了面向社会公务员考试招考社区工作者的通知，因为社工的工作性质符合我本身的发展志向，并且在社区工作非常锻炼人，加之北京市委、社工委对社工的重视和政策扶持，所以我报了名。社工笔试、面试、体检和政审都与公务员相似，难度低于公考，科目上不考申论，会简单考察社区相关的专业知识。

写了这些，心里想和你们分享的还有好多，但是其实很多事情还是要自己亲身经历过才感触最深。如果只让我和你们说一句话，我想我会说，学姐我不牛，我只是一只“蜗牛”，相信梦想在前方，即便走得很慢很慢，我也一步一步地走着脚下的路。亲爱的学弟学妹们，我真心地希望你们也已经走在了路上。

关于公务员　关于找工作

人物简介：张沫，女，2013届保险专业硕士毕业生，研究生期间获校综合一等奖学金、优秀干部二等奖学金，现就职于中国保监会天津监管局。

从2012年9月投出第一份简历，到2013年4月公务员政审结束，近7个月的时间里有太多的辛苦和泪水。有什么经验谈不上，只能说这段辛苦的日子告诉我，唯有坚持和认真，才能获得回报。

先说坚持。我找工作的整个过程大概是我们班周期最长的了。我经历过“四大”（会计师事务所）的标准化面试，也经历过银行的接连炮轰，经历过熬夜看面经，也经历过数十遍的简历修改。但是，当12月份很多同学已经拿到Offer，甚至已经签约的时候，我依然一无所有。那时候的挫败感是前所未有的。我从来不认为自己比别人差，但当时真的很有崩溃的感觉。压力快要破表的时候，我选择了适合自己减压的方式——倾诉。我的导师、辅导员，我的家长、朋友，几乎每一个都被我骚扰过。从她们的口中，我得到了安慰，也得到了改变自己、完善自己的建议。我积极学习那些面试成功的同学的经验，给自己前进的方向和动力。当然每个人减压的方法不一样，所以我的建议是，当感觉压力很大的时候，多做一些你认为可以减压的事情，要坚信这是黎明前的黑暗。例如我，在坚持过黑暗的12月份之后，1月份先后收到了两个Offer和公务员的面试通知。

再说认真，这就要具体落实到考公务员的准备工作上了。首先想说的是，公务员考试是最不看你的各种经历、各种证书的招聘了，在这个平台上只看你的考试成绩。报考公务员的人数每年增加，其实有很多人抱着打酱油的心态参加国考，认为考上是偶然，考不上才是必然。实际上，没必要被那高得吓人的考录比吓倒。因为在报考的人中，有报名后放弃考试的，有裸考的，有准备不充分的。所以，只要你认真准备，之前说的那几类人都不是你的对手，剩下的人并没有太多。

说到准备，我分笔试和面试分别介绍。

公务员笔试的时间是11月底，所以如果想要准备的充分的话，尽量从7月份就开始。首先要看一套关于行测和申论题型分析的辅导书，了解具体题型的分类。

行测的题型主要分常识、言语理解、数量关系、判断推理、资料分析五大类。其中，常识题主要靠平时积累，剩下四类只要多练习就一定会有提高。之后，要找出你最擅长和最不擅长的题型，最擅长的题先做，不擅长的题后做，以保证在有限的时间里有更高的准确率。但其中一定要注意的一类题是资料分析题。这类题一般会有20道，没有什么难度，主要考的是对数据的分析，但因为需要手算，所以很费时间，而且稍有马虎就会算错，同时这类题的分值也是比较高的，因此，建议大家把资料分析题放在前面做，这样可以在头脑足够清晰的时候做对它。做行测题速度很关键，练习的目的不是为了把全部140道题做完，而是尽量让做不完的那几道题都是自己不会的题。最后，记得留出至少10分钟的时间涂答题卡。

申论基本上可以称作是材料分析写作题。具体大家通过准备可以了解大体上每年都有什么题材的写作。由于申论题材很创新，我不说具体题型该怎样，只说我自己认为整体上需要把握的几点。第一，记住自己的角色定位。题目里一般会设定你以某种身份写某些材料，这里一定不要有学生的惯性思维，而是就事论事，做好角色本身的事情。如果材料没有直接写明角色，那你的身份就是一个最基层的国家公务人员，写作的时候要想明白怎样写符合国家政策、符合社会需要、符合领导要求、符合个人岗位特质。第二，要有自己的模板。这句话不是要大家去背模板，而是要把每一种题材都自己动手写几篇，从而形成自己的写作套路，以把更多的时间放在审题和遣词造句上，而不是文章结构上。第三，要让自己有话说。这要靠平常的积累，至少要了解一年内的热门时事以及相关的评论。这里需要注意的是，大学生了解时事很多都是从微博等媒体中来，但我想说的是，最好还是要看比较正统的新闻网或节目，特别是专家评论，千万不要偏信一些微博评论，以免写偏写错。如果没有看新闻的习惯，可以把某个正统的新闻网设为浏览器首页，这样登陆浏览器之后就会自动跳到这个网页。

说完笔试说面试。我所考的单位面试分三个部分：结构化面试、无领导小组讨论以及专业课笔试。

专业课笔试自不必说，学好专业课是最重要的，其次是一定要了解专业所在行业当年的一些大事和热点。我的建议是登陆所应聘的单位网站看单位所出的新闻，更重要的是会议新闻及领导讲话等。

结构化面试实际上很简单，共有五类题：综合分析、组织管理、情景应变、人际关系、自我认知。这些题在参考书中都有讲，回答起来都有很明显的套路。我认为结构化面试最重要的是个人的思维方式和临场的应变能力。准备这样的题除了看参考书之外，就是一个字，练！很多同学为此报名参加辅导班，我个人认为没有必要。我自己就是找的同学院的同学互相提问回答，几番下来非常有收获。另外，网络上一些公务员考试论坛也提供网络在线音频问答，可以听也可以亲自参与，也是很好的练习方式。

无领导小组讨论不是每个单位都有。国考的考试方式与一般企业的无领导小组讨论也不太一样。以我个人经历而言，五个人一组，就一个问题需要讨论70分钟。这和企业里那种十几个人讨论二三十分钟不同，你要把握好说话的节奏和与同组人的配合，否则容易出现时间还没到就没话说的窘况。这里需要注意的是，千万不要强势！大家应该知道，公务员都是从基层做起，除了有能力之外最需要的就是服从领导。领导绝不会认为一个强势统一其他人意见的人会是一个好下属。例如，我们单位面试总共分为三组，面试后我问了一下其他两组的人，其中一组和我们组都是气氛很和谐，另一组就有一位面试者很强势地说服其他人同意他的意见。事实证明，这一组的人一个都没有被录取。我认为最好的做法是不要反驳任何一个人，而是找出大家意见的结合点，尽量把大家的意见综合起来，互相包含或是互相促进，形成合力。团结就是力量，这是领导喜欢的。

关于公务员考试想说的就这些，最后提醒大家一点：不只是面试时，任何时候都要注意自己的言行举止，比如资格审查、体检等时候，都是单位观察你的时候。也许你只是在资格审查的时候没有把你的资料按顺序、按种类整齐排好，可能就会给单位留下一个不细心的印象。

找工作是辛苦的，果实是甜蜜的。大家加油！

风风雨雨求职路　洋洋洒洒求职经

人物简介： 黄慧，女，2010届行政管理专业硕士毕业生。四次获得“优秀学生”荣誉称号，两次获得校一等奖学金，现就职于国家烟草专卖局。

我是行政管理专业涉外经济事务管理方向的硕士研究生黄慧，在求职过程中收到的Offer有国家烟草专卖局、中国人保财险、毕马威会计师事务所，最后选签了国家烟草专卖局。签约之后，就没有再去回忆找工作那段痛并快乐着的过程。人总是这样，经历的时候想起的都是苦痛与艰辛，而当回忆起这段曾经，当初的挣扎与纠结就都躲在记忆的最深处，不去刻意回想甚至都会烟消云散，留给我们的只有成长的历练和心智的成熟。

我想说，求职并不仅仅意味着找到一份工作，更意味着今后人生道路以及生活方式的选择，同时也是每个应届毕业生都要经历的一次人生历练。在这个过程中，我们必须面对激烈的竞争，遵从象牙塔外真实社会的游戏法则，接受市场与用人单位的选择。而要在这个过程中给自己、给家人、给学校、给社会一个满意的交代，我觉得要注意以下几个方面：

首先，千万要镇静。贸大是个兼容并蓄、严谨开放的学校，很多人说贸大学风浮躁，而我只想说两个字：镇静！如果你是贸大优势学科的学生，用人单位哄抢，不用担心找不到工作，那么请你记住，再强的专业也有找不到工作的学生，别做最后那个只能哀怨地看着周围同学风光得意的人；同样，如果你是贸大非优势学科的学生，就业前景不容乐观，那么也请你记住，不放弃努力，就一定有那么一扇门向你敞开光明。

其次，正确认识自己，不要盲目网申。在开始找工作之前，几乎每个学生都会在自己心里勾勒出理想工作的蓝图与标准，比如：为了追求高薪而去投行工作。然而，当你从师长朋友师兄师姐那里得知，在投行每天要工作“26个小时”时，你会不会觉得这所谓的理想工作只是“看上去很美”？正确认识自己，一可以保证自己找到一份真心热爱的工作，二可以保证找到一份与自己能力相匹配的工作。我们要找的并不仅仅是一份可以糊口的工作，而是一份可以不断激发自己投入更多热情与精力的事业。因此，应该在尽量充分了解各种工作实际情况的基础上，结合自己的性格特点、优势劣势甚至人生观、价值观等因素，有针对性地划定求职范围。虽然坊间流行这样一句话：“今天不海投，明天要投海”，然而当你每天面对着几十个可以网申的新增职位时，当每个职位都需要网申、笔试、一面、二面甚至三面时，当你发现有些单位就算给你发Offer你也不会签之后，你不仅会感到身心俱疲，而且还会不断扪心自问这真的是我想要的工作、想要的生活吗？所以，找工作切忌盲从。唯有选我所爱、爱我所选，才能取得扎实、长足的进步与发展。而这，需要我们忠于并且追随自己内心的声音。工作各有利弊，面对各种诱惑，如何才能发现自己真正的喜好呢？你不仅要问问自己工作所能带来的让你最珍视的东西是什么，更要问问自己在工作中你最不能放弃、不能失去的东西是什么，不能放弃的东西往往才是最重要的东西。其次，求职切忌好高骛远，也不可妄自菲薄，找到一份自己喜欢而又可以胜任的工作才是最佳选择。心理学上有一个成就动机理论，成就动机高的人大多会选择中等难度的任务，这种任务具备一定难度，但绝不是不可能完成的任务。如果想在求职过程中收获更多的Offer，并且希望一直保持良好的心态，建议在划定好的求职范围中把具体职位按照难易程度进行区分，对不同难度的职位投入不同的精力，争取做到有保底的Offer，有冲击的目标。

再次，未雨绸缪，厚积薄发。就像三国时的曹操，高筑城、广积粮、缓称王。政治上挟天子以令诸侯，经济上屯田收租，军事上扩编军队，深根固本，乃制天下。这个道理对我们同样适用，贸大给我们提供了很多个人成才的机会，只有不断充实自己，提高自己，做好应聘的硬件准备，才有可能离成功近一些，再近一些。硬件准备一是指可以写在简历上的内容，大致包括毕业院校、专业、学习成绩、科研成果、社会活动与实习经历、获得奖项、各种证书等。一般来说，如果想找到一份中等偏上的工作，上述硬件的各个方面都不应该有绝对的短板。不过，当某个方面的表现比较一般时，可以通过其他强项来弥补。比如：如果学习成绩中等，则可以通过高水准的科研成果来弥补，或者通过含金量高的社会活动与实习经历弥补。硬件准备也体现在面试中。在许多面试中，面试官并不会问及专业问题，而仅仅是和你天南海北地聊天，这时就需要你展现语言表达能力、逻辑思维能力以及过往的知识储备了。俗话说，腹有诗书气自华。良好的谈吐不是一朝一夕练就的，所以建议大家平时留心积累各方面的知识，并且多参加实践实习活动，提高与人交往沟通的能力。另外，在面试前应该多看看面经，总结或者猜想面试官可能提出的问题，准备相应的答案。好的硬件需要长时间的努力积累而成，所以建议大家好好规划自己的大学生活，免得在面临求职压力时“悔之晚矣”。

最后，我想跟大家分享一下我的求职经历。针对我的个性和偏好，主攻范围控制在国企、事业单位、公务员，网申也有所侧重和选择。因为我发现外企网申会耗费大量的时间与精力，我曾经试图网申一些日韩企业，但最后终归半途而废。既然我想清楚了这类企业并不是我的求职目标，即使给我Offer我也不会签，与其这样还是不要再在网申上浪费时间。从10月开始，笔试通知纷至沓来。我收到的主要有毕马威、中粮、国家外汇管理局、国家烟草专卖局、人保财险等的笔试通知。比较幸运的是，我参加的笔试基本全部通过。在这里想和大家说的是，一些单位发笔试通知带有非常大的偶然因素，我认识的一些朋友个人能力非常强，简历有许多闪光之处，但是却没有收到更多笔试通知。当然，他们现在也已经找到了很好的工作。所以找工作对毕业生而言是对智力、体力、耐力的多重考验，大家千万不要因为一时的失败而自暴自弃。在应对各种笔试面试的同时，我利用大量时间准备国家公务员考试。虽然对很多人来说，国家公务员考试是一项投入产出比非常低的考试，长时间复习也未必能大幅度提高，但是我想说的是，公务员考试内容对很多国企的笔试都很有帮助，我笔试的很多单位采取的都是国考的形式和内容。所以复习国考的过程也为我以后国企、事业单位的选择做了积淀。

对于面试，我认为认真、系统的准备绝对必要，且要多参加各种真实面试或者模拟训练。能够裸面就上了的牛人或许存在，但绝对不多，大多数人要适应各种面试的游戏规则是需要一点时间来历练的。市面上的面试书很多，买一本就好，其他资料去论坛上找，基本上能够满足备考的需要。看的时候不要背，多想多总结，要学会举一反三，核心是一定要开口，光想不说死路一条。说的时候刚开始肯定是磕磕巴巴大脑短路，要耐心，多说说就好了，说母语没那么难的。有条件的可以和同学组成面试小组互相交流并模拟一下，仿真程度越高越好，或者多投点简历找些公司企业试试，可以多点机会，也可以壮壮胆量。在经历了多轮面试之后，我开始陆续收到拒信与 Offer，最后很坚定地选择了国家烟草专卖局，没有任何犹豫，因为我感觉到一种强烈的归属感，有一个声音告诉我，就是它了！我觉得找工作就像谈恋爱，我爱的人不爱我，爱我的我不爱，这两种结局都不可取，最理想的就是两情相悦吧。

每个人都有一条属于自己的求职之路，各不相同，无法复制，前面谈到的都是我在找工作过程得出的实战经验与真切体会。求职虽然是一个痛苦的过程，但也是一个令自身快速成长的过程。在应对各种挑战收获心仪的 Offer 后，回首这段岁月你会发现自己成熟了许多，坚韧了许多。最后想说的是，顺利找到工作是多种因素累加的结果，除了自己的实力与表现外，对手的实力与表现、你与单位职位的匹配度、社会关系等其他复杂因素都会影响到你求职的结果。所以，我们必须一直保持健康良好的心态，积极乐观地应对求职大战，相信是金子总有发光的一天。

求学深造篇

跟随内心　勇敢前行

人物简介：翁婉婉，女，2014 届英语（传媒方向）专业本科毕业生。校级优秀毕业生，曾任校合唱团女中声部长、副团长，惠园之声广播台主播，获得第二十四届校园十佳歌手大赛“十佳歌手”称号，现就读于哈佛大学。

致亲爱的朋友：

你好！书架上还摆着我从就业指导中心领取的《2014 届毕业生就业辅导手册》，此时的我就要开始为学弟学妹们写一篇分享，想想时间还真是飞快。也许你也正在感慨时间的流逝，正在为许多未完成的事情焦虑。别把时间浪费在焦虑上，从当下的这一刻开始抓住时间做些有意义的事情，这是我想告诉你的第一件事。

面临着即将到来的毕业，迷茫和踌躇都是正常的，因为你可能正面临着很多条路。此时的你要做的便是与自己进行深度的对话，确定自己内心真正想要的，带着这个明确的目标勇敢前行，只要目标明确了，剩下的就是一步一步往前走，事情本身可能没什么难度，往往难以保持的是一份相信和坚持。

这里我想讲讲我自己的故事。我刚上大学的时候想着毕业之后工作，因为一直期盼着在独立的生活中创造自己的价值。随着本科的学习，我渐渐发现其实本科是一个扩大基础知识面的过程，我好像没有学到真正想学的某一个学科深入的知识，于是萌生了读研究生的想法。至于在国内还是在国外，这个问题的答案从一开始就比较明确，因为喜欢接触新的事物，向往自由，再加上本科在美国交流学习的一学期中非常适应并且享受，于是毫不犹豫选择了国外的硕士学习。在这里我想与你分享的是，本科毕业后的出路，出国也好，考研也好，工作也好，没有好坏之分，真正适合你自己的并且你乐在其中的就是最佳的选择。

经济问题是选择出国时无法逃避的问题。要注意的是，现在美国的研究生项目很少提供奖学金，特别是贸大学生可能会选择的专业如商科或者文科类，提供奖学金的更少。所以必须要清楚地考量自己家庭的经济情况，做好大多数情况下自费的准备。但在申请的过程中，奖学金还是要积极申请，也许会收到意想不到的惊喜。

专业的选择也是在申请初期必须仔细斟酌的问题。专业本身没有好坏之分，可怎么选呢？还是要问你自己，你热爱什么？你享受什么？你擅长什么？就我而言，我热爱人文喜欢思考，享受与人沟通与人分享的过程，并且擅长人文学科的学习和语言教学，所以我选择了语言研究方向的教育学硕士项目。那么你呢？想想自己的热情和长处所在，切忌功利随大流，你要知道一个人很难做好自己不热爱的事情。

出国申请是一个比较复杂的过程，但并不意味着无法有条有理地完成。这个过程对于你来说是一个极佳的锻炼机会，它会帮助你理清思路，更好地认识自己。由于我对自己的事情比较谨慎，没有选择包办一切的中介，而是选择自己 DIY（Do It Yourself）进行申请。

DIY 申请的过程简单来说包含几个大的部分，首先是选校，我建议你自己上心仪学校的官网获得信息，这是最准确的信息来源，你想知道的一切（GPA、GT要求、文书要求）上面都能找到，只是你需要非常细心和耐心，用笔或者电子工具记下信息并且自己整理（有的人喜欢用Excel表格，而我更喜欢用纸笔记录）。选择的学校需要包含几个档次：冲刺档、求稳档以及保底档，每个档次建议你选2—3所。

然后是文书写作，文书写作是整个过程中最花费时间但却最有意义的部分。文书不是一蹴而就的，你极有可能需要不停地修改，理想情况下，文书修改应该贯穿你的整个申请。为什么这么说呢？文书除了展示你的硬实力，更多的是展示你的软实力，软实力是什么？软实力是你对过去四年的学习，对已有的实习经历，对即将开始的研究生学习，以及对你所选择的学校和项目有效地总结、思考和感悟，这些很有可能会随着时间推移不断深化，比如说我刚开始申请的时候并没有很多独立展开教学的经验，到年底递最后几个申请的时候我的经验已变得更加丰富，于是我把实习中的所思所想融合在我的写作中，我觉得这样的文书更加有灵气。文书的语言也需不断打磨，你可以向你的外国朋友寻求帮助，请他（她）们帮助修改文书语言使其更加地道，也可以向英语比较好的同学甚至是老师请教。另外，你不能将一套文书通用所有的学校，你要在对学校和专业进行深度了解之后将自己的文书写出特色，你不仅要让学校知道你对于他们来说也是独特的，你也要让学校知道他们对于你来说也是独特的。到最后你会发现，文书写作的过程会让你更加了解自己想要的未来。

接下来就是网申，网申难度不大，就是比较繁琐，每个学校的网申系统虽然大体上要求填写的信息差不多，但是细节上会有许多不同，有的时候还会碰上网络技术等问题，这些都可能会让你非常头疼烦躁。但是你需要耐下性子保持细心，因为网申都是能保存退出下一次继续填写的，你可以等自己思路清晰、心情恢复之后再返回填写。同样，网申的进度也可以做适当的笔头记录。

提交申请之后，非常重要的一步就是跟踪申请。你可能在网申的过程中已经与学校的小秘（Admission liaison）取得了联系（网申中的任何问题都可以发邮件给小秘咨询，他/她们的回答是最权威最准确的），你们的邮件来往可能要一直持续到申请结果公布。你可能需要告诉学校自己的材料已经寄出或是推荐信已齐全等等信息。不乏有的学校回复邮件速度很慢且态度冷淡，还是那句话，你一定要耐下性子。

等到申请的各种材料都显示到齐之后（大多数的学校申请网站上会有Checklist显示你的材料到达情况），剩下的就是等待结果了。商科以及其他Rolling（即到即审）的学校的结果一般出得比较快，而大多数文科的项目可能就要等到3月份左右了。在等待的过程中你难免会非常有压力，没有合适的录取结果之前心中总是像有块大石头。是的，我非常理解。回首我走过的那几个月，我希望你知道的是，只要你尽力了，就一定会有不错的结果，至于最后去哪个学校还真的是一种缘分。我一直等到了2月底都没有收到很满意的录取信，当时最想去也是申请准备时间最长的项目之一在2月底给了我Waitlist，但该项目全球只招两个人，而两个人中有人愿意放弃的几率实在太低，当时觉得基本没希望了，感到很失落，觉得可能自己最终会去一个一般的学校。可是柳暗花明，我在一个星期之后就收到了哈佛的录取信，怀着最大期待申请的学校把我放入了Waitlist，当时怀着花钱买拒信心理申请的哈佛却给了我意想不到的录取信，这就是缘分。你永远不知道上天会把你安放在什么地方，你需要做的就是尽自己的一切努力，再时刻怀抱美好期待就足够了。

3月份，大部分的学校都会出结果，但是如果你到了3月底都还没有收到满意的录取，也不要放弃希望，因为4月中旬之前都还有很大的可能会收到好消息，甚至是5月、6月，我的好几个朋友都是在5月底收到了理想的offer。我在4月初先是接到了刚刚提到的那所学校Waitlist的转正半奖录取，然后又接到了另外一所学校的全额学费奖学金录取。就是这样，柳暗花明又一村，你要始终相信，只要你尽了全力，上天就不会辜负你的付出。

回首过去接近一年的申请经历，我发现自己真的非常感谢这个过程，它让我成熟很多。可能你也即将要开始这个人生中难得的旅程，有繁琐、焦虑、失望、难过，更会收获难得的领悟、感动、喜悦、成长。做好准备，跟随内心勇敢前行吧！

享受无法逃避的痛苦
珍惜追求梦想的感受

人物简介：王燕愚，女，2014届风险管理与保险学专业本科毕业生。曾获得综合一等奖学金和综合二等奖学金；作为团队成员，曾获学校排球联赛冠军。现就读于伦敦政治经济学院。

回首贸大四年，转瞬即逝，然而时光未停，奋斗未止。

四年中最美好的时光莫过于在图书馆中度过的每分每秒。回头再看，大学前期在图书馆中只为了上课考试而准备背书的时间真是异常珍贵，心无旁骛也没有其他大大小小的琐事打扰。尽可能地珍惜一切可以减少无谓学习时间的机会，也就是说，上课的时候就认真听认真学，反正也玩不痛快，还不如下课的时候专心致志地做自己想做的事情，这样课余也就不用占太多的空闲时间来学本该在课上就可以解决的一切，无形中也节省了不少时间。考试成绩对我来说只是对我整个学期付出的量化评价，我希望能考出自己满意的成绩，也只是告诉自己天天早起蹲在教室里面的一天一天没有白费而已。成绩并不是全部，或者说在大学生活中只占小小的一部分，但是拥有好的成绩就像有了个外挂技能，能帮助你在之后无论是实习申请、学校申请、各项评比中占有明显的优势，当你真正需要成绩作为依托来完成什么的时候，不求它为你锦上添花，至少要做到不拖后腿。我大学本专业为风险管理与保险，同时辅修会计，大学四年包括辅修在内的全部课程平均成绩在92分左右，我想这个分数在我申请学校的过程中起到了至关重要的作用。

而在这四年中对我帮助最大的是我在学院排球队的经历，尽管大三的时候因为身体原因不得不退出，然而两年的训练教会了我很多。在集体运动中团队合作真的不是嘴上说说而已，任何一个人的失误都可能让整个球队置身陷阱，而仅有一个人的无敌开挂也不可能带领整个队伍获得最终的胜利。也只有在竞技比赛的一次次无休止训练中才能让人懂得拼搏和坚持的含义。在申请材料中或许一个国际性的大奖会让人觉得牛得无与伦比，然而在这看似不值得一提的经历中的自我挖掘仍能凸显出你的与众不同。你想通过一个奖项而呈现自己具有优秀团队合作的能力，同样也可以通过一次球赛、一次志愿活动得到相同的效果。因此，善于挖掘自己经历中的闪光特质，在申请中将自己最佳的部分呈现在众人面前是非常重要的。

说到经历，那实习是必不可少的。尽管我申请的是金融专业，但是我的实习比较杂乱，一份保险经纪公司、一份“四大”、再加上一份商务部的实习，并没有与金融完全对口的，所以也可以说是一个比较大的遗憾。当然最好的就是申请就读什么专业，尽量将实习的申请转向相关领域，这样比较有竞争力。然而如果做不到完全对口，任何一份可以学到知识的实习经历也都是非常宝贵的，因为实习中我们学习的不仅是一些比较专业的知识，更多的是待人接物、快速学习、随机应变的能力。再者，很多工作其实也是相通的，这就在于你如何将你的实习经历与你想申请的专业结合起来。而除去实习以外，参加一些有意义的志愿工作、社会活动、商业比赛，例如某些国际知名公司举办的学生俱乐部、建模比赛等都是增添自己背景的有效方式。

另外，就是国际交流的经历。对于申请国外的大学来说，有比较优质的国外交流经历显然会增加很多优势，也有一些学校在申请材料中明确要求学生提及自己的国际交流经历。然而，这也不是必须。对于有能力、有精力的同学来说，如果有这样的机会是应该尝试的，但对于项目的选择也十分重要。像我们学校组织的一些名校一个学期或一学年的项目是很有价值的，但有些商业机构的一些短期加之高昂费用的项目，如若仅仅是为了一个海外交流的经历我觉得完全没有必要。毕竟，外国的学校每年有成千上万的海外申请学生，什么样的情况也都是心知肚明。

再者，也是申请中十分重要的，就是成绩，包括GPA、GMAT或GRE、托福或雅思。对于这一点，我唯一的建议就是尽早准备。也许你大二的时候还没有确定是否一定会出国，但是你也可以提前进行这些考试，这种短时高强度的训练不仅能使你的英语水平得到提高，还可以为你之后可能的刷分留下充裕的时间。就算最终没有出国，这些成绩在你的实习、工作申请中同样为你的英语水平做了很可靠的佐证。所以一切都要尽早准备！这么来看，尽早确定自己未来的道路就显得尤为关键，如果能在大二就作出出国的决定，则一切活动都有了目的和动力，让自己的申请道路可以走得从容不迫。当然若是稍微迟些也无妨，只要坚持努力，一切付出都会有回报。我就是大三下学期期末考试前才进行第一个考试，虽然过程稍显狼狈，但所幸结局还是令人满意的。

最后我想说，申请这条路真的是很不容易，世界上没有真正的“感同身受”，一切的苦痛心酸都只有你自己走过才知道。但请相信，一切付出都会收获相应的回报，所以只要你一直在往前走，那么就一定能看到胜利与终点。分享我最喜欢的一句话：享受无法逃避的痛苦。珍惜申请中的每一分感受，那绝对是你成长中最大的财富。

审视自身　正确抉择

人物简介： 陈岩，男，2014届市场营销专业本科毕业生。在校期间曾任国际商学院学生会文艺部部长、院篮球队主力中锋、普华永道学生俱乐部北京分区副主席。曾在普华永道、AT科尔尼、强生、英特尔等四家公司做实习生。现就读于帝国理工学院。

说说我自己

关于留学这件事，对于每个人来说都有着不同的意义。而对于我来说，它诠释了梦想的意义。记得初中时，在一次竞争公派交换的机会中失利后，我曾暗自许给自己一个承诺：未来一定要踏上异国的土地，向身边的人证明自己。而现在的我，实现了这个承诺。

进入大学之后，我深感如果按照以前埋头苦学的方式，可能无法完全满足留学的入学要求，所以我根据自己的条件，进行了一些针对性的选择。

关于活动经历，我选择加入学院篮球队，这里不仅教会了我团队精神的重要性，而且还让我养成了锻炼身体的好习惯。在接下来的四年里，得益于这个习惯，哪怕是紧张的备考期间，我仍能以饱满的精神状态面对考试。除此之外，我选择了加入学生会文艺部这个对我来说很陌生的组织。通过更多时间的学习了解以及与各类同学的悉心合作，我的沟通技巧、表达能力以及团队合作能力得到了大幅的提高，这些恰恰是我原来最缺乏的。而在大二一年的部长经验，让我在领导力方面有了更多锻炼的机会，也学会了如何在团队中承担更多的责任与任务；大二之后，偶然的机会，有幸加入了普华永道的学生俱乐部。虽然不是会计专业，但这个校外社团给了我很大的帮助。无论是北京区横跨七所顶尖高校的覆盖，还是与公司紧密联系的各类求职培训，都使我在这里领略到了更加专业的团队表现。一年成员、一年主席的经验，让我有幸结识了各所高校的精英人才，同时也获得了更大的动力与信心。所有的这些学生生活，让我大学前三年不再单调，也正是因为它们，我的性格慢慢从中学时青涩内向转变为乐观开朗。而贸大各类课程也给了我很多突破自我的机会。这些都给我的留学之路打下了坚实的基础。

关于各类考试，坦诚地讲，我在大学前的英语水平还可以，所以在入学后被分到了英语的高起点班。然而，在高手如云的贸大，我曾经的优势变得荡然无存，在英语方面的自信也变得岌岌可危。经过一个学期的打击后，我决定改变自己，以积极的态度面对各个科目的学习。对于留学所需要的几个考试，我虽然没有花太长时间去准备，但是期间，我的每一份努力都对考试十分有针对性。无论是前期的搜集资源，中期的练习加总结，还是后期的寻求经验，我都严格地安排了对应的时间进度。我也深信，执行力可以让辅导班这类课程的价值变得很低。很幸运，我所有与留学有关的考试都是一次性通过，为我大三之后的实习留下了更充裕的时间，也为我的留学之路扫除了更多障碍。

关于实习，很幸运普华永道给予了我第一个机会。在这样一个专业的公司开始我的职场生涯，让我受益匪浅。大三下学期，考完 GMAT 后，由学姐推荐，我在 AT 科尔尼公司做了一个月的兼职项目助理。这一次的咨询经历让我对于该行业同样初窥门径；大三暑假，强生公司的暑假实习给了我一个很好的锻炼机会，无论是各类办公软件还是医药行业的运作规范，都涉猎了很多；而我最后一段在英特尔市场战略部的实习，为期八个月，无论是对我未来的专业学习还是职场发展，都有所广益，让我真正体验到了财富500强公司市场部的运作机制。大三之后这些社会实践经历不仅让我为未来职场做好了更充足的准备，同时，也让我更加清楚了自己未来的努力方向，并收获了丰富的经验与技能。

经验和建议

一、好好学习

在上面部分，我并没有提及四年来的学习经验。客观来说，我这方面的表现不是很令人满意。大一期间，由于时间分配不合理，我的成绩让我的留学之路希望渺茫；而大二的缓慢反应，只能让我些许弥补大一挖下的大坑；大三虽然花费了更多的精力，但无奈课程难度提升，表现只算得上差强人意；大四就只有一节专业课，所以也就无力回天了。

总的来说，对于出国，四年的成绩是至关重要的。如果确定了留学的想法，那学习永远是第一个应该完善的方面。无论申请哪个国家，无论学校怎么注重全面发展，成绩永远是留学的第一扇门。没有它，再高的GT成绩、再丰富的实习经历也只是陪衬而已。

二、做事专注

四年来，曾经有很多同学立誓一起准备出国留学，到了最后，身边的人所剩无几。太多优秀的同学就是因为迈不过某些考试的关而最后选择了其他出路。这里并不比较各个出路的好坏，但没有实现当初的愿望毕竟是一件憾事，尤其是仅仅因为某一方面的原因。大学里，我们有太多的场合被要求拥有多任务处理能力。诚然，该技巧在未来职场中也尤其重要，但专注性才是把事情有效做好的关键要务。无论是准备各类考试，还是处理各类难题，全身心的投入要比漫不经心或者随随便便效率高太多。不要让最后消极的结果成为没有努力的托词。四年时间很短，有太多愿望无法实现，所以把能做的每一件事做好，至少不会留下遗憾。

三、重视合作

很庆幸，在贸大四年里被灌输了团队合作的重要性。这也让我在公司实习时经历了更少的困难。从大一开始，无论是课堂小组，还是社团组织，团队合作无处不在。曾经的我也笃信个人的力量，让自己学习各类事物，可以独当一面。但四年下来，我才更深切明白双拳难敌四手这个道理。归根结底，是因为团队可以更好、更高效地完成任务。生活离不开合作，所以如何更好地成为一名团队参与者是为未来准备的第一要务。评价标准不在于队员或队长的身份，而是能否让你的团队变得更好。拥有这项能力将让大家终生受益。

四、培养核心竞争力

大家都知道，留学的最后一步是要准备文书，它是四年生活的一个写照。无论多么优秀的人才，白开水似的描述都会让人感到乏味。这里强调的并不是要会运用生动的语言，而是每个人都应该有一个亮点，每个人都是独一无二的，我们需要让学校知道这一点。而这来源于生活中的培养。如何将自身的优势发挥到极致将会影响到未来生活的走向。当然，这其中涉及选择，没有人能尽善尽美，与此同时，也没有最好的选择一说。成功不可复制，每个人的发展轨迹都不尽相同，只有最适合自己的选择，才能绽放更多光芒。而如何找到它，就是这四年生活的功课了。

最后，我想用我最喜欢的电影中的一句话作为本文的结尾：Every champion was once a contender who refused to give up。留学之路不会一帆风顺，但坚持到底，一定会收获回报。

英国留学申请 DIY

人物简介：姜嘉，女，2013 届金融学（特许金融分析师方向）专业本科毕业生，曾任校学生会宣传中心主任，曾获校级优秀学生干部、校级综合二等奖学金、校首届国际文化节舞台剧大赛最佳女主角奖，现就读于爱丁堡大学会计金融专业（硕士）。

既然选择 DIY（Do It Yourself），就要做好心理准备：这是一场苦战，要靠自己获取资源、信息，提醒自己严格执行时间规划，更要细致地做好方方面面。咬咬牙挺下来后，回头自然是成就感和幸福感。英国留学申请流程相对美国较为简单，有信心的同学不妨挑战一下自己。在此记录我申请的一些心得与教训，有的是“此法尚可”，有的是“此路不通”，希望能对学弟学妹们有所帮助。

一、背景升级之确保硬件

相比于其他国家，英国在审视申请者的综合条件时，更侧重于对其硬件的考量，因此硬件的准备至关重要。所谓硬件，即课程成绩、雅思成绩与 GMAT 成绩。课程成绩是四年努力学习的积累，申请一般需要绩点达到 3，较为优秀的学校要求 3.5，一些竞争激烈的名校甚至要求更高，因此课业务必不能懈怠。

雅思是英国申请的门槛，取得 7 分及以上的成绩是有帮助的。我在雅思上花了大量时间，当时在微博上还关注了许多雅思老师，以便及时了解学习、考试信息。英语基础一般的同学，雅思的准备时间推荐 2~3 个月，每天 3 小时以上，可以准备得比较充分。个人认为报名补习班的必要性不大，以我上培训班的情况来看，其主要作用是普及考试的基本情况，传授一些学习或应试技巧，而这些内容通常在网上可以获取，自己花上一些时间主动通过网络资源全面了解信息，也能取得很好的效果，比上培训班节省时间和费用。

复习过程中，各种有限而宝贵的复习资料，可以用铅笔做题，重复使用，吃透题型和题点。听力一定要坚持每天听，不能间断，专门的听力词汇训练也很有必要。阅读的准备和听力类似，除了每天练习外，还要充分掌握同义词替换。口语和写作是中国学生表现最不尽如人意的两项。我将网站搜集的雅思口语卡片内容一一记录，针对每个卡片写下回答的纲要，在考试时考官问的问题都是准备过的，回答起来就有底了。写作也同样，在网上搜集各大类话题的写作素材、词汇、观点，这样考试时至少不会脑子空空。

英国很多学校没有明确要求 GMAT，但是基本申请者都会有一个 GMAT 的成绩来提升背景，因此 GMAT 也是必争之地。考过语言考试的同学，GMAT 准备起来会比较轻松，推荐一个月左右的准备时间，80% 以上精力花在语文部分。数学部分是中国学生的强项，基本上做机经（机考的经书）就可以得到很高的分数，在此不多赘述。语文部分是硬骨头，但不推荐题海战术。语法薄弱的同学可以读 Manhattan 的语法书，易读而有效。后期备考利用好 PREP 和 GWD，每次都以考试的状态来模拟。

机经是 GMAT 考试的法宝，在 ChaseDream 论坛有非常多的贡献者每天总结机经。机经也要用之有道，偷懒地草草浏览别人的劳动成果帮助有限。我在考前根据论坛上的阅读机经，自己整理了一份 Word 版本机经，将每篇阅读的内容理顺，标明出题点。这样对文章内容会留下很深的印象，考试时文章出现，很快就可以判断出是哪篇文章，答案大概是什么样的。

二、背景升级之提升软件

英国申请中重要的软件包括海外留学经历、实习经历、科研经历、学生活动经历、获奖情况等。

实习经历方面，并不是多多益善。一两个月的短期实习，说服力不大。学校更看重的是申请者在这份实习中到底学到了什么，要有话可说，大而空的实习并不可取。因此，推荐大家找专业对口、能学到具体东西的长期实习，如果能够是 500 强等知名公司更佳。

科研方面，因为研究生主要还是继续做研究工作，如果能证明自己的研究能力，当然会被校方赏识。同学们可以主动联系学院的教授，积极地寻找一些参与科研的机会，在帮助老师们完成项目的同时，自己也能学到东西。通过参与科研可以培养多方面的能力，如搜集信息的能力、数据处理的能力及文字表达的能力等。

三、学校与项目选择

DIY 的一大好处是选校很自由，想申请几所都可以。但是出于文书写作的繁重任务以及申请的费用，选校也是申请中重要的一环。在选校时，要想清楚自己的偏好。学校的综合排名、商学院实力、地理位置等，都是选校的重要因素。

项目方面，硕士研究生的专业分类比本科更为细致，可以通过阅读各个专业的说明、就业方向等来做选择。

我在拟定好大致范围的可选专业后，建了一个 Excel 表格，从各个学校的网页上摘录该项目的课程设置、项目申请要求明细、文书写作要点、录取与申请者比例、联系方式、其他项目的特点（如 CFA 合作项目）等，以便统筹所有申请。

推荐大家将选定的学校排个序，最后网申时从相对最不想去的学校开始申请。因为文书是在一次又一次的网申中逐渐完善的，另外在刚开始申请时，难免出现一些低级错误。我曾在第一所学校的申请中，弄反了两个专业的名称而申请失败。在此后的申请中，对于细节问题，自然加倍注意。

四、文书写作

申请英国学校要求的文书主要是个人陈述、推荐信和简历。个人陈述的写作是最头痛、最繁琐也是最有成就感的部分。

个人陈述的写作是个漫长的过程。我从大三的暑假开始阅读英文写作、演讲的相关书籍，并自我剖析，罗列可以写进 PS 里的内容。这些内容很多，比如：所选课程里感兴趣的地方是什么？已经完成的课程中哪些与所选项目接轨？阅读过的专业相关的东西有哪些？是否参加过该领域的重要活动或者会议？在这个领域你的工作或志愿者经历是什么？此时 PS 还没有动笔，只是前期的积淀。可以借助相关软件分类记录值得借鉴的英文佳句、表述方式，以及想到的支离破碎的和专业相关的事件或经历。太傻论坛有着非常丰富的 DIY 资源，包括文书可以思考的问题、PS 版式、开头与结尾的写法等等，推荐关注。

有了前期积累，正式动笔来写基本在一周内可以完成初稿，最好在 9 月中旬就能完成。英国文书字数一般在 500—1 000 词，因此必须选择非常突出的点与事件展开，不能写流水账。

个人认为，文书分为两个大部分，即“为什么学校要选我”以及“为什么我选择这所学校”。关于“为什么选我”，申请者要自习阅读学校的招生要求，从个人背景中充分挖掘符合要求之处以及闪光点，突出个人特点。要把自己最突出的、最有说服力的、最和别人不一样的特点写出来，比如：我是一个有着国际化视角的学生；我的数据处理能力非常优异；我是个爱思考并静得下心钻研的学生……在组织语言时，要方便读者阅读，让其一眼就能看到你对自己这些特点的描述。

“为什么选择这所学校”可以分几个层次来写：学校的背景、校风、特色；商学院的实力与特色；专业的课程设置优势；与任课教授有相同领域的研究兴趣。充分读透学校网站上的信息是必不可少的功课。

初稿完成后，可以将文书发给身边的师长、朋友审阅修改，每个学校的个人陈述基本要大改 10 次，最终上传的文书与初稿相比已被改得面目全非。

最后想强调的是，英国申请的时间大约从 9 月底开始，陆续会有学校开放，是循环录取的，先到先得，因此尽早申请非常有必要。很多商科专业都有中国留学生比例限制，一旦录取名额满了，就不再开放申请了。

“伸手摘星，未必如愿，却不会弄脏你的手。”我在申请时看到这样一句话，很受鼓舞。祝愿学弟学妹们都能去到心中向往之地。

出国经验分享

人物简介：姚彦康，男，2011届财务管理专业本科毕业生，曾担任校足球队队长，现就读于美国康奈尔大学。

出国留学申请方面，个人认为自己做得比较成功的方面主要在GMAT的考试以及对中介的把握这两方面，所以在此就从这两点入手，分享一下自己的留学心得。然而要注意的是，世事多因人而异，照搬个人经验是大忌。

一、GMAT

个人感觉GMAT比托福要容易，因为规律性较强，靠题海提高熟练度反而不如多总结、多找规律有用。而托福则需要大量的练习才能保证高分。

GMAT三个部分概述：对中国学生来说，GMAT复习阶段中对三个部分的重视程度通常应该是语文（Verbal）>数学（Quantitative）>作文（AWA）。Verbal最能决定分数高低，必须重点关注，要上700高分段最多只能错14个（据说数学全对，Verbal错14个刚好700分）；数学对中国学生来说50分是平均分（51满分，37题错4个以内就能拿满）；作文相对来说不那么重要，因为不计入总分，但是太低的话总分再高学校也不会收（中国学生平均水平在3.5分，满分6分）。

个人经验（心态是最重要的，这大家也都知道，就不多提了）我主要谈以下几点：

1. 人品好的话，机经可以推你一大把！当月机经的阅读必须要好好看，我Verbal里的4篇阅读虽然题目没碰上几道，但是文章本身全都从机经上看到了，省了大约15分钟的阅读时间。数学的机经也很有用，但是题量较多，而且考试时很有可能相似却不相同，因此应该选择看但不要背；逻辑和语法的机经也一样，但重要性不如前面两者，可以根据自己考前时间选择，个人认为因为变题太多、太细，宁愿选择用这部分时间复习之前整理过的语法和逻辑的错题。作文如果想拿高分的话，机经也要看看，事先想好结构和例子会写得很舒畅。

2. 不要把希望放在人品上。换题库的时间是不一定的，所以很可能去考时刚好碰上换题库，于是要靠实力说话。而且机经能蹭到的题只是很少一部分，更别说好多都是题干或选项有改动的变题。所以机经只是在最后一、两天拼人品用的，平时好好拼命才是正道。

3. 时间的控制是成败关键（数学时间宽裕，Verbal和作文都紧，尤其是Verbal）。其实很多题给足时间做都会，但是75分钟做41道Verbal，还包括看2长2短一共4篇文章，时间很宝贵。所以最迟考前2周一定要开始在做题时掐时间。具体每道题多久因人而异，我自己的时间安排是逻辑2分钟，语法1分半，阅读短文章4分钟看完然后一题1分半，长文章6分钟看完然后一题1分半。平时做题时就严格按照考试时间来练，掌握好做题节奏很重要！碰上难题超过4分钟果断放弃，直接猜一个，全做完了再回来看。考试时也一样，当然不用再回头看了。GMAT的算分是连续对的越多分就变得越高，所以千万不要因为一道题而放弃后面的。

4. 平时练习用题方面：官方指南+GWD练习题，个人觉得这些题量足够了，也不用都做完，GMAT 的练习不在多，而在精（这是所有牛人以及新东方GMAT 老师的共同观点）。我一开始做新东方的三本蓝皮练习册，语法部分错了很多，而且把 26 个部分做完了正确率还是和刚开始一样的低，后来在朋友的指导下开始转做 GWD。虽然到考前做的总题量也不大，但是我把所有错的题（不管是不会还是疏忽导致）以及做题时就感觉不确定的题全都重复做了两三遍，题中正确选项看了起码 5 遍。这样做一是可以总结 GMAT 出题的规律（比如语法中 there be +抽象名词的选项必错等），二是可以培养对正误选项间对比差距的感觉（这个比较抽象，说不清楚，但是自己做完几套题多对比就会知道）。做 GWD 的另一个好处是，基本所有的题只要把题干或者正确选项输到百度、GOOGLE 里都可以查到相关解释，因为做这个的人太多了，同时这也说明这套题还是很有参考价值的。

5. 考试中数学和 Verbal 的前 10 题特别重要，它们决定了这次考试的起始分数段，做得不好的话后面很难再往上赶分了，所以尽管 Verbal 时间紧张，但前 10 题绝对值得用 20 分钟的时间去做。

6. Prep 模考软件一定要用，它里面的练习题部分我没做，但是模考题特别有用，无论是对自己的 Pace 掌握还是对考试形式的熟悉都会让自己感觉有底一些，这种感觉对于发挥是非常重要的。Prep 的数学难度和正式考试相当，Verbal 部分稍难一些，所以模考低了也别灰心。

最后一点是，GMAT 也许很重要，但身体更重要，没有好的身体状况也不大可能考好 GMAT。所以保持好吃好睡好运动好心情的优良传统，也是考好GMAT 的必备前提。

二、中介

自己申请和找中介到底哪个好，因人而异，这一部分的主要目的是让大家加深对中介的了解，从而帮助大家在 DIY 和找中介之间的选择上作出适合自己的决定。

1. 中介操作流程包括：交钱签协议，填信息表，选校选专业，文书准备（PS、推荐信、简历），网申，寄材料。期间自己要准备成绩单、在读证明、推荐信等。

一般而言，中介最能帮助你的在于其申请经验：也就是文书质量的提高，网申、寄材料时的效率和应急处理。

2. 由于现在中介都要先付钱才给做，所以对中介一定要掌控和制约，以防对方拿了钱就敷衍了事。

3. 在与中介签约前后需要注意的问题如下：

（1）签约前：

a. 自己对申请过程也要有相当程度的了解才行，否则会被牵着鼻子走，建议上网、去论坛了解。

b. 找正规中介，品牌大一点的，对小公司千万要慎重。

c. 老师比中介公司本身更重要，他才是全程操作的人。咨询时可以多问一下具体的问题对他进行考察（比如这个学校在哪个城市、学校的录取率是多少、平均学费是多少等），如果这些数据都没有的话，中介怎么可能帮你选到合适的学校？有条件的可以通过该中介高层的人帮你找比较好的老师做。

d. 确认和学校联系时用的邮箱是共用的，可以时刻关注，因为和学校交流主要就是用邮件。

e. 要求对方给出一个大体的申请时间计划表，什么时候做什么，既可以掌握进度，也可以凭这个来催他。

f. 签约中尽量包括无 Offer 则退款（一般扣除文书费），一定要能退款，才会有直接制约作用。

（2）签约后：

a. “催”是很重要的，一般一个顾问老师手里都有好几个学生，很容易拖，但是注意谈话方式，让他感到被尊重，做的才会更用心；或者多解释一下自己的担忧和着急，从侧面提醒他要抓紧。

b. 选校可以说是申请过程中最重要的一环，越早定下来对申请越有帮助，因为这个时候自己努力的方向就明确了。下面则是选校环节中最需要注意的两点：

第一，自己最好有一个明确的专业方向，“明确”——知道要学什么，知道职业发展的方向，知道自己是有兴趣的。可以通过实习、找课本看、询问父母认识的相关人士等了解专业本身的情况，比如未来职业发展方向、可能担任的职位和进入的行业、国外相关课程都有哪些等。同时还要了解该专业在国外的招生情况，比如金融专业在美国大学的开设中存在断层，比如管理类专业有不少好学校只招收有全职工作经验的或只开设 MBA。

第二，和中介商量选校问题时一定要有自己的原则。因为要保证拿到 Offer，中介通常会推荐一些特别保险的学校，甚至是和他们有合作关系的学校。对这些学校要自己去分辨和核实，不能只听中介一家之言。举两个我自己的例子：一是强生威尔士大学。中介推荐说其酒店管理排名范围前三，于是我上网去查，得到的评论有好有坏。然后又上其官方网站了解，发现该校该专业招生时连 GMAT 成绩都不需要。之后再去网上搜索时，发现推荐该学校的多数信息都出自中介。因此，我决定不申请该校。二是密歇根州立大学。先看了各大排行，不是很靠前，但是酒店管理专业比较被认可，据网上说在全美前五。除了自己上网查询以外，我又通过高中同学找到了在那所学校读书的一个学姐，加了 QQ 和她聊了很多，发现在那边该专业的就业都还不错，在校内也是黄金专业，学校资源投入很多，于是便决定申请该校。

三、结语

出国留学是一项浩大的工程，无论是时间、精力还是金钱上的花费都是巨大的。上述内容主要是在具体操作中需要注意的地方，然而最重要的，是能够明确自己的目标，清楚达到目标所需要的一切准备步骤，并将之落实到行动中。申请只是留学过程中一个小小的开始，拿到 Offer 之后才是真正的战斗。预祝所有坚定地选择了这条路的朋友们一切顺利。

出国申请逐项突破　坚定目标踏实前行

人物简介：张韵妍，女，2015届金融工程专业本科毕业生。北京市优秀毕业生，首都“先锋杯”优秀基层团干部，获全国大学生英语竞赛特等奖、光华奖学金；曾任金融学院分团委副书记；获法学辅修双学位。现就读于哥伦比亚大学。

早在入学之初，我便决定了毕业之后赴美留学。一方面，我曾看电影《美国往事》，也阅读过20世纪美国梦的幻灭《了不起的盖茨比》。另一方面，本科学习期间，我又了解到美国是许多金融理论、金融（衍生）产品的“研发室”和“试验田”，因此我想在研究生阶段去美国求学，在第一线感受金融脉搏的跳动。

由于美国的大学在录取申请者时采用的标准不同，如果想要“多投多录取”，则要求在各个方面均达到入学的标准。因此，准备申请的过程不仅是一场马拉松，于我而言，也是全方位修炼之旅。以下从研究生申请大多需要提交的五份文件——课内学习成绩单、出国考试成绩单、个人陈述、简历和推荐信逐一入手，分析出国留学的准备工作。

1. 课内学习成绩单——学习成果的佐证

课内学习是重要的一环——之所以强调是“课内学习”而非“课内成绩”，是因为：从长远来看，本科阶段的学习是研究生继续钻研的基础；而短期来看，大学的面试官会考察金融的基础知识。如果本科的学习只是为了应付考试，那么之后的研究生阶段还是需要回头重新学习旧知识，不仅消耗时间，也会让本科的学习变为无用功；如果本科的学习只是背诵而未理解，那么在面试官一环接一环的提问中，很有可能会败下阵来，丧失一次录取的机会。

前三年的成绩是课内学习的佐证，一份优秀的课内成绩单是录取的必要条件，而非充分条件。如果面试时的表现不能匹配成绩单上的成绩，也会让面试官对申请者产生负面印象。

2. 出国考试成绩单——英语表达、理解的标尺

另外一个重要的标准是 TOEFL 或 IELTS、GRE 或 GMAT 成绩。TOEFL 或 IELTS 成绩常用来衡量申请者的英语使用、表达能力，用来判断“能否与以英语为母语的人沟通交流”；而 GRE 或 GMAT 成绩则衡量申请者的逻辑思考能力，用来判断“是否具有研究生所需要的思辨能力”。应试技巧可以通过英语培训机构的老师传授，也可以自己从之前的考试中摸索得出。除此以外，互联网上丰富的学习资料和用户众多的论坛则为相互交流、共同进步提供了方便。

通常而言，组成学习小组是效率最高、收益最大的模式。在备考 TOEFL 时，双方可以互相听对方的口语部分录音，为对方指出需要改进的地方，也可以互相批改对方的作文，取长补短；在备考 GRE 或 GMAT 时，可以一起探讨阅读中不理解的地方，或是一起研究数学中偶尔出现的一两道难题。共同学习还可以避免消极怠工心态的出现，同伴的好成绩是自己努力学习英语的重要动机。

3. 个人陈述——有针对性的命题作文

TOEFL 和 GRE 成绩在有的时候并非必要，如果考试成绩尚未公布，或是预备提交下一次的考试成绩，可以在研究生的网申系统中注明，并在之后补

交。然而，个人陈述是每个学校都要求申请者提交的文件之一。自大三升大四的暑假开始，便可以动笔为个人陈述铺下框架。写作的过程中，每个人都需要诚实地回答三大问题：（1）为什么要申请这个学校？（2）我在本科阶段的相关学术与实习经历是什么？（3）我的优势在哪儿？

回答第一个问题，信息来源渠道包括所申请学校的官方网站、留学论坛的交流帖以及被录取学长学姐的直接经验。第三种渠道最为推荐，因为从他们的口中，申请者不仅能知道“学校需要什么样的人”，还可以了解“学校想培养怎样的人”，如能在个人陈述中有针对性地陈述自己的优势和未来的发展方向，可大大提高被录取的概率。

回答第二个问题，需要结合简历，将自己的本科经历梳理一遍，选出闪光点和与专业相关性最大的部分，清晰完整地表达出来。由于学校的录取委员会未必懂得专业的相关术语，所以在陈述的时候尽可能对专业名词进行解释。

回答第三个问题，则要结合前两个问题的答案来谈，使全文的逻辑自洽。比如，如果一所学校喜欢录取数学功底好的同学，而申请者在大学阶段的数学课程 GPA 很高，则可以指出自己的优势在于数学基础扎实、学习过相关的课程并取得优异的成绩；如果一所学校喜欢录取有行业意识的同学，则可以指出自己的优势在于行业意识强，曾在金融相关机构实习，并从事实质性工作。“实质性”指，除行政工作如打印、复印、记录会议纪要等外，实习期间承担了数据分析、研报撰写等与该部门核心业务相关的工作。

4. 简历——个人陈述的副产品

在个人陈述撰写的过程中，简历也随之成型。递交给大学的简历与平时向国内企业投递的求职或实习简历不同，需要符合英文的商业求职信格式模版，控制在 1 页（博士申请者的简历另当别论，需要详细列举自己的科研成果，多为 2 页或以上）。为了与个人陈述匹配，向不同学校提交的简历上所列举的经历可能会不同。然而，所有提交的简历的共同点是简洁明了，最重要的是介绍清楚自己在实习或科研经历中用什么方式做了什么，得到了什么成果。因为在录取面试时，面试官也许仅仅有时间浏览简历并就他或她所关心的方面提问。

5. 推荐信——学术能力的第三方保证

推荐信或许是个人陈述之外第二费思量的命题作文。基本上所有的推荐信都要求推荐人回答其所认为的申请者长处以及未来的学术潜力。因此，一个合适的推荐人应是对申请者有所了解（条件1），并且能够为之未来的英语表达能力、学术科研能力提供担保（条件2）的人。

寻找符合第一个条件的推荐人，要求平时跟自己所学课程的老师、论文导师或是实习直属上司多交流，并在他或她的指导下完成一项工作，取得一定成果，如此方能在推荐信中言之有物。而第二个条件则要求推荐人具有英语素养及学术科研水平，或是在该行业有丰富经验。

6. 留学中介——申请双刃剑

是否找中介，也是许多同学的关心所在。有的人认为，自己在申请这方面缺少经验，找中介一来可以弥补自己的不足，二来可以为英语考试或提高课内成绩等节省时间。

其实，细细想来，这两点均不成立。第一点，留学申请本来就是一个研究生继续学习的铺垫。只有建立在对一个留学项目的充分了解上，才能明确自己是否适合这个方向，才能知道这一项目对自己以后希望从事的职业是否有所助益。而第二点，与中介的沟通交流，也需要时间成本。往往在项目申请将要结束时，由于中介需要同时处理大量申请者的申请，难免忙中出错，而此时申请者则需要一催再催，反复确认，反而不如自己认真检查之后提交申请。

其实出国申请的准备都融在了四年的每一点一滴中，或许是课后的每一次作业，或许是单词书的每一页，或许是出国论坛上介绍项目的每一篇帖子……而选择这条路，一方面可以继续求学生活，另一方面也要接受环境改变带来的不熟悉和不适应，孰轻孰重，孰优孰劣，当踏出这一步时，希望看完此文的你内心已经明确。

博观约取　忠于选择

人物简介： 李颖琳，女，2015届商务英语专业本科毕业生。校学生会留学生联络合作部部长、科研立项校级重点团队负责人、社会实践先锋团队负责人，获伯克利—斯坦福大学（全球领导力项目）团体奖第一名。曾在国家开发银行—中非发展基金实习。先后获得帝国理工、伦敦大学学院、华威大学、国王学院等高校 Offer，现就读于伦敦大学学院。

时光真是个小偷，明明觉得日子一天天波澜不惊，毕业就悄悄来临了。所幸生活带给了我们芬芳的果实，我和身边的小伙伴们都拿到了心仪的 Offer，特在此总结一二，希望能对后来者有所助益。

一、英国商科留学情况介绍

英国商科可选择的基本有五类专业：金融、会计、管理、市场营销、复合类专业。其中，金融和会计往往对学生的本科专业背景要求较严格，必须“根正苗红”，甚至有些对特定的一些专业科目或者量化课程都有专门的要求。市场营销和管理类专业一般来讲对背景要求比较宽松（也有例外，比如我所申请的帝国理工大学的 Msc Management 就要求申请人本科不能有任何商科背景，针对这点贸大学生可以根据需要选择是否打印双学位课程），但背景要求宽松往往意味着很多具有高 GPA 的各路申请者都会大大增加，需要我们花费心思脱颖而出。至于复合类专业，近年比较火的主要是信息管理、创新创业管理、房地产金融等。这些专业往往开始招生没两三年，申请难度较小，但其背景要求各异，需要大家自己去官网细心查找看是否符合条件。

提示：

1. 每年各个大学的专业要求都会有变化，招生专业也会有一定调整，听中介介绍或看各论坛的总结帖都不是最靠谱的。想获得第一手的最准确的资料，一定不要犯懒，要自己去官网查看每个专业的信息。

2. 善于利用学校开成绩单的相关规定，对于不同学校可以用不同的成绩单进行申请。

二、准备过程：把握关键节点+集思广益寻求帮助

整个申请过程持续时间很长，做好事先规划，把握关键节点对于申请的节奏来说至关重要。

1. 雅思

首先是两个标准化考试：雅思和 GMAT。雅思对于申请来说是需要早做准备的，如果时间允许，建议大家最好在大四开学前就有一个比较不错的雅思成绩，一般商科学校要求总分 7 分，单项不低于 6.5 分或 6 分（传媒、法律、语言类专业要求会相对高一些，需要大家去官网确认）。贸大学生的英文水平相对都比较好，准备 2—4 个月就可以进行雅思一战了，建议不要拖太久，否则会引发惰性。英国的学校可以允许申请者在申请的时候有一个还看得过去的雅

思成绩，只要在入学之前达标即可。

我在北京环球雅思、朗阁等机构均教授过雅思，在此可以提醒学弟学妹们：准备雅思的过程中，听力和阅读相对容易提分和达标，大家只要好好利用官网剑桥雅思3—9（剑10貌似也快出版了），保证备考两个月每天都有一定量的练习即可。写作和口语相对提分更慢一些，大家一定要做好每天规划，不可松懈。每年雅思1月、5月、9月是换题季，建议不要报此3个月的第一场考试。

2. GMAT考试

GMAT考试并非英国商科硬性要求的条件，但也有例外如伦敦政经金融会计类专业、帝国理工金融专业、伦敦大学学院管理学专业，且每年要求有一定变化，需要大家去官网详细查询，切勿只听中介和往年经验。一般来说，GMAT700分以上就算是比较有竞争力的成绩了，750分算是一个很高的分水岭，因此不必过于关注成绩，710或者730对于申请英国商科来说并不会起到决定性的作用。不同于GRE、GMAT更着重逻辑思维能力，因此对于单词的要求并不高，不需要额外花费时间背单词，应该更多关注题目规律。

3. 实习

另外一个需要提早下工夫的就是充实实习经历。短期来讲，实习经历能够在申请中起到至关重要的作用。对于商科申请来说，一份高质量的实习和自己的感悟，往往能在文书中让学校印象深刻。大部分商科看重申请者的交流能力，因而材料审查后的面试往往具有决定作用。在面试过程中，申请者若能结合自己的实习经历展现出自己的优势和对于未来职业的规划思考，则能获得更大胜算。

远期来讲，实习经历往往能让我们更多地接触到行业的真相。选择一份职业，也就是选择了一种生活。在实习中，通过和行业前辈的交流，我们能够对于各个职位具体的职责和所需的技能更加了解，以便更好地安排自己后续的技能学习和知识提升。此外，实习也能够让我们更了解一个行业的基本生活状态（比如加班频率、出差节奏、项目周期等），从而更理智地作出未来的职业规划，对留学专业的申请和Offer的选择也就更能有的放矢。

4. 中介—文书

除了四个固定大项（大四开学前基本定型的）——GPA、雅思、GMAT、实习之外，文书润色也是决定申请成败的重要一环。大型中介往往进度很有保证，但由于承包的学生也多，文书质量中规中矩，难有新意。小中介和第三方文书机构质量参差不齐，有的极差，但也有些属良心之作。建议同学们一定要多方了解，不要迷信某个牌子，最关键的要看负责你的文书老师和顾问老师是不是认真负责。文书基本由个人陈述 PS、推荐信、简历以及学校特殊要求的小论文构成。建议大家早点动手，在升入大四的暑假前就敲定推荐信的指导老师。一般是要求两封学术推荐信，因此大家可以找教过自己专业课且自己分数比较高的任课老师。推荐信往往需要老师再进行上传，因此一定要提前和老师沟通好，申请之后及时告知老师，确保老师能在上传时效内上传推荐信，不然整个申请会被学校视作不完整，也就不会安排面试。

5. Offer 选择

经过长足的准备和有节奏的申请过程，相信大家最终都能收获理想的 Offer，选择 Offer 也是一个甜蜜的负担。选择的过程中，大家首先要考虑自己未来的职业发展方向，是想留在国外还是想回国发展？是想进更好的学校获得更好的平台还是想磨炼自己的专业技能？是去大城市为实习蓄势还是去小城市降低留学成本？

思考清楚这些之后，大家可以多方寻求信息。一是寻找相关院校的学长学姐，他们往往对于在学校的生活、就业走向和机会有着更为直观的感受，也更能设身处地为你提供建议。可以通过看贸大的学生去向、和本院直系学长学姐的沟通、甚至是 linkedin 这样的网站来寻求帮助。二是在留学论坛（太傻、Cd 论坛等）往往有各个国外大学的申请 QQ 群和微信群，里面都是同一届的申请者，大家相互交流信息，也有利于我们作出理智的判断。

特别想提醒大家的是，在拿到 Offer 之后仍然要密切注意大学的奖学金申请和宿舍申请的相关信息。例如我今年申请到的国家留学基金委的公派硕士项目（关注留学基金委官网），就是在 3 月份开始递交材料申请的，而像伦敦大学、帝国理工等院校的奖学金（关注大学官网）也基本是在 4~5 月份开始通知申请。希望大家一定不要觉得机会渺茫就不去尝试，事实证明我和身边的同学最终都拿到了不错的奖学金。

6. 还想对学弟学妹说的话

整个申请过程，让我觉得最受益匪浅的就是学会了主动争取。不要因为学校看着太高大上就放弃申请，不要觉得自己成绩不高、实习不硬就不认真准备材料。我和我身边的小伙伴都证明了，积极争取面试，积极争取 Offer 交保证金延期，积极争取奖学金，你往往能得到你想要的。

想要，你才能得到。争取，你终将圆梦。愿学弟学妹们一切顺利！

考研：做自己，尽全力

人物简介： 栗辉，男，2014 届金融学专业本科毕业生，曾获校综合奖学金、60 周年校庆特殊贡献一等奖、校级优秀学生干部等荣誉。现就读于北京大学环境与能源学院。

能在这里谈谈考研这件事，我感到特别的荣幸。首先，我希望你能问自己一个问题：我是不是真的决定要考研？好好听一听你的心声，这是一个做自己的问题。从我的经历和经验来看，只有面对你真正想要的，才能做到倾尽全力去拼搏，去争取。如果你已经决定选择考研这条路，那接下来，我就与你分享一下相关的时间安排，以及一些我认为应该注意的细节。

1. 时间安排

对于整体的时间框架，我认为以贸大同学的能力，有半年的准备时间就足够了；就我自己来说，正式复习为 2013 年 7 月初到 12 月底，正好半年时间。

对于各科目的时间分配，可以按照科目的特点进行。比如英语本身需要长期的学习积累，所以从一开始就应该利用相对零散的时间背记单词、进行阅读训练；而数学、专业课就需要比较集中的时间和精力投入，而且分值是 150 分/门，所以可以为这两门课分配较为高效、相对大量的时间；单纯从拿分角度来看的话，政治则属于低投入高回报的科目，所以可以等到中后期再开始对它的复习，大概时间为 9 月底，可以参照大纲解析出版时间。

对于每天的时间安排，则因人而异。一言以蔽之，要充分利用好自己学习效率较高的时间段。如果你早晨效率高，当然可以早起复习，充分地利用这种状态；但是如果不习惯这样的节奏，就没必要为了撑时间而起太早，从而影响了整体的精神状态；有些同学晚上的学习效率尤为突出，还可以在自习室关闭后结伴再去学习一段时间。而每天的学习时间，个人建议是保证 10 小时左右，毕竟要为自己作出的选择而拼尽全力。

2. 信息交流

在考研这类自主学习的过程中，信息的及时获取很重要。一定要多关注信息动向，如贸大在即将进行的考试中，部分专业的考试要求有所调整。如果没有及时了解，就很可能造成备考方向偏差，影响复习安排。

此外，往年也有个别考生专心于复习，忘记参与网上报名或现场确认，导致没有了考试资格。因此，多跟学长学姐、身边同学交流信息，拓宽信息获取渠道很有必要。

以下是 2014 年的时间安排，可以作为参考：

网上预报名时间：9 月 25 日至 9 月 28 日；网上报名时间：10 月 10 日至 10 月 31 日；现场确认时间：11 月 10 日至 11 月 14 日；准考证打印时间：12 月 25 日至 1 月 6 日；考试时间：1 月 4 日至 1 月 6 日。

3. 研友互助

备考是一个自主学习的过程，由于缺少了老师的悉心指导，难免会遇到各种各样的难题。如果在自己认真思考后仍然不得要领，最好的解决办法就是跟研友一起分析探讨。在这个过程中，得到的不仅仅是一个问题的答案，更多的是一种思维方式，一种解决问题的思路，这是最可贵的收获。请谨记，考研不是孤军奋战，而应该是跟战友一起携手前行，将胜利的旗帜树立在大家的心头。

考研的复习过程是比较单调的，很容易产生懈怠的情绪，甚至会怀疑自己。而为了保持学习的高效，乐观冷静的心态必不可少，所以情绪的调节很重要。事实上，每个人都会有情绪低落的时候，但如果这个时候有几个朋友站出来给我们一些鼓励，心情很容易就能放晴。

因此，我建议找几个能够互相扶持、能带给你正能量的研友，不仅能在学习上相互给予助力，还能一起保持乐天的精神，在一天的学习后迎着夕阳微笑。

4. 其他细节

备考过程确实比较单调，甚至可以说有一些枯燥，然而在经过一天天的扎实学习后，感觉到自己一点一滴的进步，也确实很能鼓舞人心。但是，经常听到有同学说："我感觉自己也是蛮拼的，但就是得不到进步"。每当这个时候，我就会告诉他，不是你没有进步，而是你没发现自己进步了。怎么才能检验自己的学习成果呢？

为了检验学习成果，建议多总结提炼，不要一味地看书做题；可尝试在不翻书的情况下，尽可能细致地把知识框架罗列出来，试过几次后会发现其实有些知识已经牢记于心，而且每次都能将框架发展得更深更广。此外，对于一些经典题型，可以自行分析出其所涉及的知识要点、解题思路，用自己的语言将它记在笔记本上，很快就能得到一本简练、珍贵的"秘籍"。到后期再翻阅这些记录的时候，定能大幅提高效率，节省很多时间；同时还能发现当初的一些思维漏洞，起到查漏补缺的作用。

相信经过长期扎实复习后，能力肯定可以达到研究生入学考试的要求。最后需要的也就是沉着冷静的临场发挥，以及不骄不躁的考后心态。预祝大家考研成功！

念念不忘　必有回响

人物简介： 毛赞富，男，2015届金融工程专业本科毕业生。获全国大学生数学建模竞赛全国二等奖、全国大学生英语竞赛三等奖、三次获校综合奖学金。曾于中银国际证券投行部实习，现就读于北京大学汇丰商学院金融—经济双硕士项目。

2014年的7月，我和所有2011级的同学一样，走到了人生的又一个十字路口。虽然我很早就做了毕业后继续在国内读研的决定，但是大学前三年一直忙碌而平庸地过着，以至于在大三结束时，没有可以保研的绩点，没有丰富的实习经历和课外经历，也没有出色的学术成就。看着身边许多优秀的同学，坚定地朝着各自的目标前进，我多多少少还是惋惜于前三年大学时光的虚度。前三年，除了坚持学习英语，自己没有作出什么让自己感动或者钦佩的事，而且那时也并不觉得学英语会有什么用。我应该是属于所谓的“学弱”，前三年一直兢兢业业，却并没有弄清自己想要走什么路。后知后觉才发现，有的时候，不仅要埋头赶路，也需要抬头看路；不仅要吃苦、耐烦、霸蛮，有时也需要巧劲；选择和坚持一样重要。

我是在2014年4月偶然参加了一个金融学院组织的学长学姐经验交流会，了解到北大汇丰商学院的，再上网搜集了一些相关信息，突然有了一种“就是它了”的感觉。北大汇丰商学院，位于广东深圳，采用全英文教学，学风严谨，管理严格，而且我个人觉得汇丰近年来发展很快，是一只“潜力股”。人生的选择机会有千千万万，在做决策时，一般我们是无法先验地找到最优解的，能够在众多满意解中找到一个最优的，就应该知足。日后无论结果如何，也无需后悔、懊恼，也不必欣喜、自矜。在读研、就业、出国深造这几个选择中，没有最好，只有最合适，适当听取师长、朋友的建议，多听听自己内心的声音。因为其中任何一条路，都得你自己往下走。如人饮水，冷暖自知。

回到考研本身，感触颇多，总结以下几点与大家分享：

1. 考研需要坚持，最好有人陪伴同行

考研就绝对难度而言，是不如高考的。但是“场外因素”更多，涉及选校、选专业，涉及自我管理。其中一个很大的困难就在于信息的极度不对称。没有那么多的月考，没有那么多套的模拟试卷，没有那么及时、公开的专业课考试信息，这一切都直接导致了你很难实时、准确地了解自己的复习方向、复习进度和复习效果。就像走入了一个不知长度的隧道，何时能重见阳光，甚至是否能重见阳光，都是个谜。但是幸运的是，你能找到一群志同道合的小伙伴，一起走过几个月难忘的时光。独行快、众行远。有了研友，就能彼此分享信息，考相同、相近专业的，还可以探讨问题，互相监督、互相鼓励、共同进步。以贸大同学的实力，任何目标都是可以达到的。

2. 考研初试是一个选拔性考试，因此跟期末考试不同，区分度是整个考试的一个重要考量因素

政治和英语都属于积累型的，到了中后期，每个个体的波动是不会很大的。对于高中学理科的同学来说，政治的起步阶段会异常痛苦，但别怕，所有

人都是这么走过来的。因为我自己素有记单词的习惯，之前大学前三年的英语考试也挺顺利，就没在英语上花太多功夫。不管考研还是出国，有事没事看看英语，这并不会花太多时间。

数学和专业课，最好尽可能早地准备、尽可能深入地准备。这两科分值大，而且花没花功夫，区别是很大的。英语和政治的考试还有之前的基础兜底，不花工夫也不至于挂零，但专业课一个知识点没看，就可能直接丢掉几十分。平常抽空多温习巩固一下容易忘记、不太理解、或者有较大思维难度的知识点。我的专业课复习开始得很晚，而且之前也没学过“中微中宏”，9月中旬我还在看公司理财，直到9月底才定下来是考宏微观。到后来手忙脚乱地折腾了两个月，也最终没能积累到一个理想的“经济学素养”。因此，能够越早定下来复习科目，越早着手复习就越好。

3. 保持专注，不因别人的收获而动摇

找工作的同学会陆陆续续拿到 Offer，出国的同学在考完 GMAT、TOEFL 写完文书后，需要做的就是等待。而考研的同学不同，这几个月才是主战场。如果你想多留一个选择，可以在秋招的时候花时间去敲定一个工作（我和很多研友并没有这么做），然后尽快回到你的书桌前。不以物喜，不以己悲。

关于北大汇丰商学院，再多介绍几句。目前 PHBS 有五个专业招生，但是其中数量金融只招收推免生。剩下四个统招专业分别是北大金融（金单）、北大金融—港中文经济（金双）、北大经济—新加坡国立金融工程（经双）、北大管理—新加坡国立金融工程（管双）。统招的名额大约是每个专业十多人，且呈现逐年递减之势。另外还有一些关于绩点、英语成绩的要求，官网上有具体通知。也许是因为比较重视英语，贸大的学子在复试时还是挺受青睐的。

希望贸大的学弟学妹，不管毕业之后选择哪个方向，在各自的人生旅途中都会遇见别样的风光，祝福你们！我们共同分享着“UIBEr”这个名字带来的期望、荣耀、责任。

念念不忘，必有回响。勿忘初心，方得始终。祝大家心想事成！

写给有志考研的学弟学妹们

人物简介：陈玉倩，女，2011届金融学专业本科毕业生，两次获国家奖学金、三次获综合特等奖学金，曾获北京市“三好学生”光荣称号，2011年以总分第一名进入清华大学五道口金融学院攻读硕士研究生。

转眼间，四年已过，这个秋天，我已经离开可爱的贸大，到坐落于海淀区成府路的红楼继续新的求学之路。在贸大的四年间，我一直都在努力为这个秋天的到来做准备。借这个机会，把我四年间为这个秋天所做的准备写下来，希望能够对学弟学妹们有所帮助。

大一：收集信息，广泛阅读

自季羡林先生在清华读书起，就已经有了“毕业即失业”的说法。因此，在进入大学之后，我就开始思索四年后的“出路”，并把考研作为自己的第一选择。记得正是在四年前的9月，自贸大金融学院考入中国人民银行研究生部的学长回校为新生做交流。那是我第一次知道这个被金融人亲昵地称为“五道口”的学校。听着关于这个学校的传奇和学长的辉煌战绩，不禁心向往之。

尽管从最初就开始向往，但是作出考五道口的决策并不是仓促的，而是经过了长时间的深思熟虑。所思所虑的内容，一方面是国内各大金融学研究生院的特色，包括专业设置、办学风格、招生政策等等；另一方面是自身的优劣长短，自己究竟擅长什么、适合什么样的环境、想要什么样的未来。这两下一对照，对于可选的道路就有了初步的判断。

当然，在大一的时候，也不过是简单的思考而已，并不能真正作出选择。毕竟此时专业学习尚未开始，对于自己在金融学中的兴趣点一无所知。因此，真正在大一能做的、也一直努力去做的，就是广泛地阅读，包括通俗经济史，例如关于大萧条和金融危机的著作，以及金融方面的报刊杂志，如《经济观察报》和《财经》等，这些对于金融学生来说都是大有裨益的阅读。

大二：作出选择，有备选课

进入大二，我接触的金融的分支学科越来越多，也开始有较大的选课自由。一本《货币银行学》恰是金融学的“目录”学科，几乎每一章都可以拓展成日后的一门专业课、一个或多个研究方向。通过学习这门课，我发现自己对宏观方面的知识，即所谓的货币经济学更感兴趣，再加上自己一向擅长文字和思辨，不擅长逻辑推理，这样就水到渠成地选择五道口作为自己的努力目标。

确定了目标后，开始把目标院校的考试科目与专业课选课结合起来。众所周知，五道口初试即考察10门专业课，且不指定教材。我从大二开始，就有意识地安排自己的本科学习，尽量将要考的科目都选上、学好，为日后专业课复习应考打下基础。事后证明，在课堂上学习过的科目确实很少留下知识盲点，在复习中可以节省不少时间。

大三：收集资料，开始复习

大三上学期是一个过渡时期，一方面无论选择考研、出国还是就业，都已经开始做实质性的准备，另一方面，如果从此时开始坐在“考研自习室”中复习，可能会造成“战线”过长，拖垮意志。在这个学期，我的选择是做一些考研的初期准备，例如将之前学长学姐推荐的参考教材买齐，进行初步的阅读和考研复习的整体规划，同时多读学长学姐的“经验贴”，从中多学习，争取不在前人跌倒过的地方再摔跤。另外，大学本科的数学学习主要集中在大一大二，在大三上学期继续做一些数学题，可以为考研数学复习打下很好的基础。

进入大三下学期，我就开始了规律的复习生活。有了专门的“考研自习室”，抓紧一切不上课且没有其他活动的时间，都投入到考研复习中来。这个学期主要进行数学和专业课的复习，是否进行英语复习可视个人水平而定。具体复习什么知识、要达到什么进度，我已经在自己的经验贴中写明，这个经验贴在小天鹅 BBS 上可以找到，这里就不再赘述。除了知识之外，还要保持健康的身体和积极向上的心态。针对后者而言，有二三“研友”是非常重要的，可以互相交流信息、分享资料、讨论问题，可以互相加油鼓劲，很有帮助。

大四：顶住压力，全心应试

由于考研初试的时间是大四的 1 月份，因此，大四上学期是考研最关键时期，对成败有直接的影响。9 月份开学后马上就开始应届生报名，基本上大家的选择就已经确定，好比搭箭上弦，此后要做的工作就是一点点把弓拉开，力求命中靶心。具体地说，一方面，要全面复习，将政治、数学、英语、专业课都照顾到、协调好，期间还要注意辅导班等问题，详细的内容都可以到 BBS 上去查看我的经验贴。另一方面，大四的 10~11 月份会有集中举行的校园招聘会，身边的同学身穿正装的身影对于已经在考研教室坐了大半年的同学来说，可能会有很大的诱惑力，特别是心情起伏处于波谷、对自己信心不足时，更容易想到放弃。这里，我只能说，既然已经搭箭上弦，就不要把弓放下；既然已经投入了很多，就不如孤注一掷，全心复习。当然，这只是一家之言，也有同学认为此时应该做两手准备，这样可以在考研初试结束后掌握一定的主动性。

在初试结束之后，视自己的感觉，可以决定是不是要开始投简历。当然，这时大部分公司都只会补招，名额会非常少。3 月份之后，考研的成绩和复试分数线会陆续公布。进入复试之后，又回到了全天复习的状态。这时候除了复习课本知识之外，要更多地准备与时政有关的专业知识，同时可以做一些面试的准备，包括着装、仪态以及应答的技巧。另外，五道口的复试比北大、人大等学校要晚两三周，因此考五道口的人都是考研的同学中最后“解放”的，在其他同学都结束“战斗”之后，更加需要保持乐观稳定的心态。

考研经验分享

人物简介： 任凯，男，2014 届金融学专业本科毕业生。曾获挑战杯创业比赛北京市银奖；曾在科尔尼咨询、联合国计划开发署、波士顿咨询、国信证券投行部、国泰君安投行部等实习。现就读于清华大学五道口金融学院。

毕业了，回首大学四年，感觉一切皆有可能。大一老想着工作，想着是去高盛还是去麦肯锡，发现还是想多了。大二离开学校的组织转投 NGO（Non-Governmental Organizations），在那里遇到重要的师姐，给了我大三回学校做 JA（Junior Achievement）的课程的机会。大三有着很好的实习经历，本想着直奔工作，结果寒假被爸妈说服，决定考研。经过半年的准备，意外地考上了五道口金融学院的研究生，还拿到了 12.8 万的全奖。接下来经过一番挣扎和到处投简历，拿了几个面试，利用我在JA学到的求职技巧，幸运地通过了这些面试，找到了一些好的实习，总算为未来的发展做了一些准备。所以鸡汤一：如果想做什么，就去做，不要害怕失败的风险高，事实证明只要你努力够了，你就会得到你想要的东西。鸡汤二：不要害怕自己学了东西会用不上，比如说自己要考研所以就不关心工作和求职技巧、能力和经验，这些总会用得上的。

说说怎么考研吧，我略去不重要的内容，说说几个关键点：

1. 确定考研目标后，就去准备、去考，别想有什么难度，别害怕失败。给大家做个计算，每年2 000人考"五道口"，其中有一半的人会弃考（不要惊讶），剩下的一半是没贸大好的学校的（竞争力不够），假如你平时在年级里能排上前30%，你就超过了90%的竞争者，200人里去竞争90个复试机会，也不是很难吧，90人竞争50个录取机会，也还可以吧。要相信贸大在清华、北大教授中的名声，而且就算上不了，也能调剂去社科院研究生，也还不错。

2. 准备过程中要学会高效学习，不要觉得只要每天在自习室坐10个小时，你就能成功。大家可能会看到不少考上的学生都说每天学8~10小时就可以成功，你没有看到的是很多没考上的学生每天也学8~10小时。事实上，考研的复习时间并不是和最终成绩成正比的。我每天学3~4个小时，我也还是考上了。（当然十一二月还是认真地每天学了6~10小时的）

3. 复习的关键有两点：知己知彼和加强总结。知己知彼一方面意思是，最好和一个考过的师兄保持联系，了解清楚如何准备有意义，哪些书要细看，考试的体验和平时有什么不同等等细节。知己知彼另外一个意思是，先看真题找规律，然后再回头复习，这样可以确保复习的每一个阶段都能围绕出题规律来进行，而不会浪费大把时间在根本不会考的地方，事实上只要规律分析得多，你甚至会有感觉并且可以预测出会考什么，这样复习效率有多高自然不必说。加强总结的意思是说，看了书、做了标记不代表你懂了，如果不看书你也能把规律什么的总结出来，你才是真的会了。我曾经很困惑有些学霸总是可以复习时间差不多但是成绩比我高很多，我就追踪了他们的复习动态，最后发现出现差异的主要地方在于笔记做的好不好。（本人成绩也不怎么样，平时从来不看书，都是考前抱佛脚，但我惊奇地发现成绩特别好的人也差不多是这样，他们并没有学得更多，不要再拿什么学霸的称号套在成绩好的人身上，说得好像你学习久一些就可以考得比他们好，说得好像他们学的时间真的比你多一样）总结的话分为几种：知识性的，考点性的，格式类，心态类。

4. 心态好是关键。到了中后期有烦躁又如何，日子还是得过的。有的同学老是担心考不上（害怕某些人看不起自己，害怕没前途，害怕……），有的同学对自己没信心，有的同学总觉得哪本书没看就会落后别人，有些同学害怕失败所以考前就自暴自弃……大家想想如果心态都不对，怎么可能考得好?！事实证明考研就是只要复习到点子上了，就能成功，平时成绩好的只要好好准备你可以继续成功，平时成绩不好的只要纠正不良复习习惯也能成功（比如我发现自己很讨厌动手做题，很讨厌看会做的题，后来考研准备时彻底反省了这个不好的习惯，才发现自己以为会做，其实并不是真的会做，纠正后数学成绩成功扳回了)。我的心态比较好，我觉得我每天就要效率最好的时候来复习，效率太差了我要么再坚持一会效率就改善了，如果不改善我就回宿舍睡觉，或者去打羽毛球。因为这种习惯，我在自习的时候自然效率高，因为我时间肯定投入很少，效率再不高我就废了，这就构成一个正循环。但是有的同学觉得打一下午球或玩点啥就会浪费时间什么的，然后效率再低也要赖在教室，身体变差，导致效率更低，正反馈负效果。

5. 考完研后也别觉得完满，要努力的地方还有很多，即使是清华经管和北大光华的毕业生出路好的大部分是北大、清华、复旦、上海交通大学保研过去的，其他学校考过去的能混得很好的不是很多，差在哪？你有出国交换吗？你有 GRE、托福成绩吗？你大四一年落后保研同学两个好实习吧？你的大学成绩有保研的好吗？你有“稀奇古怪”的兴趣爱好吗？这些东西都是考研的同学追好久才能追到的，而且网申是在研一入学两三个月就开始的，考研同学几乎不可能追得上，所以能去外资投行 Summer 的大都是保研的也就可以理解了，有这个 Summer 找金融领域的任何工作都会很轻松。

6. 永远别大一就说自己要考研，这只会让自己成为一个笑话，平时一定要好好学习，别总看什么学渣考研逆袭之类的鸡汤，然后幻想平时不用努力到时候考研即可，人家招聘还要特意看你本科成绩呢。

为考研的同学加油，祝找工作的同学顺利，祝出国的同学成功！

考研经验谈

人物简介：冷云，女，2012届对外汉语专业本科毕业生，曾连续获得校级综合一等奖学金、综合二等奖学金和综合三等奖学金，2012年以第一名的成绩考入北京师范大学现代汉语专业。

突然发现，自己考研的回忆还尚有余温，下一届考研的冲锋号就快要吹响了。现在是8月底，一切还都来得及。当初我也是从暑假开始正式复习的。我的复习过程中，并没有太曲折的经历和大喜大悲的故事，一切平淡、平凡。闲话少说，下面是我提供给诸位的一点小贴士，希望能有所帮助。

1. 心态平稳

我心情较为平静地走完了考研这条路，虽有那么一点遗憾，期间没留下记忆深刻的小故事，但觉得若是忽而壮志满怀、自信满满，忽而垂头丧气、自我否定，情绪大起大落，绝对是没有好处的。至于如何维持心态平稳，我的建议是养成一个较为稳定的复习习惯，例如作息时间的稳定、复习科目的有序安排。当我们知道自己要做什么，并且知道什么时间做什么，每天重复这种简单的复习生活时，心就定了。外加不去想过多未知的事情，做好当下的自己，积极地准备，就不会烦躁不安，走了极端。

2. 战友相扶

自制力不太强的话，有人陪着会好些，大家相互监督，相互鼓励，有些坎儿就过去了，日子过得也快些。我所复习的教室里面有 3 个同班同学，虽然不是坐在一起，但就在身边不远处。早上走进教室，会看看同伴是否来了。大家还可以一起去食堂吃饭，回教室的路上一起散个步，趁机聊聊天，放松一下。把问题稍微攒一攒，找个时间大家一起讨论，没准儿会打开思路，有意外的收获。内心足够强大才能够单打独斗，大家并肩作战总会有更多的正能量。

3. 地点稳定

我的复习是在宁远楼考研教室中进行的。我们当时为了占考研教室，凌晨便开始在门口守候，不过那次教室没有开，白跑了一趟。最终，还是成功占据了一方阵地，一个靠近卫生间、喝水方便的教室最后边的角落。第一天有小窝的时候还是挺开心的，觉得在教室复习比起打游击战有诸多好处。第一，有志同道合的人在一起，气氛不错；第二，书和杂物可以放在教室，免去搬运之苦；第三，喝水、上厕所、吃饭都很方便。在教室中试着找回自己中学的复习状态吧。在宿舍，难免想和床拥抱，想和电脑见面。在图书馆，流动性大，占座位苦，还有一堆闲书等着自己，还是清苦安静的考研教室最适合抗拒浮躁。

4. 寻找外援

我很幸运，在上一届有个考同专业的学姐，从一开始便给了我很多帮助，分享她的经验，在参考书上也让我省了不少钱，一路陪我到了考试。考试当天，还带我吃饭。有个人一路帮你，心就会温暖许多，能少走一些弯路，也多一分自信。

5. 合理安排

我是从暑假开始复习考研的，准备的并不早，所以复习时间还是有些紧张。因为我报考的是现代汉语，要复习的资料偏少。但是最后算下来，每本书还是要看很多遍，四五遍是有的吧。建议政治不要开始得太晚，因为到最后会有一大批资料出现，让你应接不暇，还是早些为好。虽说大多数人是文科出身，但是考研和高考的政治还是不同的，何况高中的政治想必大家也忘得七七八八了。政治参考书先多看几遍，把答题脉络掌握清楚，好留些时间给各种模拟题、练习题之类的材料。当时我没有报班，但是也复印了报班同学的资料。最后的模拟题也做了，虽然比较仓促，最后考了 70 多分，属于中等。英语是要每天做题、找感觉的。当时我每天做几篇阅读理解或者完形填空，各种习题册做了好几本。到了后期，每天看看作文，背诵一下经典句子，隔几天做一遍真题。真题是要做的，我最后真题应该是做了 3 遍。英语考试时状态很差，但是也考了 70 分，因此我觉得平常的积累是有帮助的。总之，根据分值合理安排自己的时间，英语和政治都不要忽视。不知道其他专业的情况，对我自己来说，课本是相当重要的，把课本记牢，重点知识把握住，基本分数就抓住了。我当时考试的几个大题，答案就在书上的某一页上，得使劲回忆。当然，其他资料的摄取会让自己的回答更丰富更出彩，思路更开阔。但是课本是不容忽视的，要根据自己专业的情况分清主次。

6. 各种杂谈

到最后临近考试的时候，难免紧张，但不要慌张，好好稳定自己的心态。当时研友们大多在报考学校的附近租了房子，因为自己报考的是北师大，不算远，就在考试当天打车过去了。那天虽下雪，因为起得早，到了北师之后，还在门口的肯德基复习了一会儿才开始准备进考场。但是前一夜在宿舍因为噪音的问题，没有睡好（在外面住的同学也有因为宾馆隔音效果差、噪音多问题没睡好的，选择住处要慎重，睡不好，心情差，很影响考试，失眠的问题也会让情绪崩溃的）。当天身体状态不好，头晕得厉害，英语又难，最后接近崩溃，但还是坚持做完。考完感觉很不好，但是在下面的考试中没有带上负面情绪。最后英语的分数也没有想象中的糟糕，专业课分数高一些，总体也就还行。所以，考完一科，不论是自我感觉发挥得如何，以正常的心态，坚持到最后一科结束，结果往往比想象中的好。还有，复试要认真，不要记错时间，耐心准备就好。当天穿着整洁大方，自信而不自负，实事求是地回答老师的问题就好。

考研：越努力越幸运

人物简介：陈璜，女，2015届人力资源管理专业本科毕业生。在校期间曾加入国际商学院学生会和AIESEC等学生组织，多次获得综合奖学金等荣誉，曾在安永会计师事务所、雀巢（中国）有限公司、百度在线网络技术有限公司实习。现就读于中国人民大学劳动人事学院人力资源管理专业。

7月份的北京，告别校园继续留在帝都实习，上班的时候收到了考研经验分享的邀请，对于一个四年来一直在贸大充当“小透明”的我来说真是受宠若惊。考研之前曾和小伙伴戏称考上了一定要写一个经验贴来祭奠一下这半年来的心血和努力，结果很幸运地考上了，反而觉得：嗯，好像也没什么，毕竟有那么多比我聪明还比我努力认真的人都还在低调地优秀着，此事作罢。这次正好借这个机会，算是对自己考研这半年做个总结，也希望自己关于考研的一些感悟能给准备考研的师弟师妹和读到这段文字的朋友们带去些许帮助。

我大概是在2014年3月份决定要考中国人民大学劳动人事学院的研究生的，7月中旬正式进入复习状态，半年的准备，总体来说我的感受是：考研（如果目标只是考上研的话）对知识和智力的考验比我预计的要简单，而对心智的考验和磨炼比我想的要困难许多。

1. 确定目标

在确定目标院校和专业之前，首先要想清楚自己为什么要读研，无论你读研是出于学术目的还是为了有更好的工作出路，总之你需要找到一个强大的读研的理由，这会使你在复习的过程中避免许多不必要的迷茫与干扰，坚持到最后。一旦决定走上考研这条路，就要开始确定自己的目标学校和专业。在这方面，我个人认为需要收集大量的信息，可以参考各学校的官网、考研论坛，也可以多多咨询已经考上的学长学姐，充分了解备选的几所院校近几年的分数走向、录取人数、考试科目及重难点等。在此基础上综合考量自己的兴趣与方向、考研科目的优势与劣势，甚至是你所报院系调剂的选择多不多等因素。以我自己为例，我对本科所学的专业比较感兴趣，人大的人力资源专业在业界也算翘楚，另外我本科的一些老师也曾是人大劳人院的学生或是考研的前辈，多少能在复习和复试的时候给我一些建议和指导，同时我对自己的数学和英语相对比较自信，政治比较薄弱，正好人大劳人院的人力资源也要考这两门，所以最后选择了人大。最终我以专业第二的成绩被录取也多亏了我的数学和英语成绩。所以，确定目标的时候充分考虑自己的优势可以帮助你事半功倍。

2. 时间安排

在进入正式复习之前，建议拟一个比较详细的复习计划，包括总体时间安排，要看的书目，复习的顺序，各科时间在前期、中期、后期的配比，以及每天的作息时间。我从7月中旬开始复习，一直到12月底考研，半年的准备时间对贸大学生而言还是很充裕的。我前期在数学上投入了大量时间，大三的暑假除了看专业书和每天做英语阅读之外，所有的时间都在学数学。后半程主要攻克专业课和政治，数学投入的时间少了很多，英语花的时间比较平均，每天一个多小时。学习计划可以在复习的过程中根据自己的情况适时地调整，但是一定要严格执行，最好不要一门学几分钟觉得学不下去了就先看别的，基本上每一科目的投入时间和成绩是高度相关的，有时候你会觉得自己花了很多时间，但是为什么某一科一直没有进步，这个时候你要相信量变引起质变，根据众多考研的朋友的经验来看，这个道理还是通用的。

3. 资源利用

在复习的过程中应充分利用资源，但并不是说要到处搜罗复习资料，考研复习其实抓住关键的几本书就可以了，把一本书多看一遍可能比看三四本新书要有用得多，复习资料太多很容易让自己觉得复习不完，反而会打乱复习计划。可以多和研友交流复习过程中出现的问题。专业课方面若有陌生的科目，如果时间很充足的话可以找机会旁听。在我隐约觉得自己也许要考研的时候了解到中国人民大学劳动人事学院的考研科目中有劳动经济学，于是在大三下学期选修了这门课，这也使我在专业课的复习过程中轻松了很多。另外还可以大胆地向相关的老师求教。和我一起考研的舍友成功跨考了北京大学的社会学系，她也是常常通过邮件向素未谋面的北京大学社会学教授们请教一些专业问题，最后其中的一位教授成为了她读研的导师。在复习的过程中不要三心二意，想侥幸走捷径，但也切忌闭门造车，有时候和研友交流一会儿或是请老师指点一二会让你豁然开朗。

4. 关于心态和坚持

考研的过程相当单调枯燥，在中后期心理压力会比较大，特别是女生情绪波动会比较大。坦白说，在心态调整上我是一个反面教材。从小被父母保护没受过什么挫折的我，有一段时间对自己产生了巨大的怀疑，常常下午三四点的时候在图书馆实在待不下去了，一边走回虹远楼一边打电话和爸妈哭诉，对话也往往是：我肯定考不上了。如此循环往复。糟糕的心情确实也影响到了我的复习效率。我想告诉大家的是不要给自己太大的压力，复习的时候保持一个乐观积极的心态很重要，复习之余多和父母朋友聊天，给自己鼓鼓劲，没信心的时候翻一翻打印出来的经验贴平复一下心情；另外如果出现了焦虑不安与迷茫也不要太恐慌，毕竟像我这么玻璃心的都考上了，大家及时调整心态，都不会有大问题。

虽然玻璃心严重，但我想，最后渡我过难关的还是自己的努力和坚持。我一直觉得考研有很大的运气成分，但我从不否认自己的努力和坚持是最重要的因素。即便是抱着电话和爸妈哭诉自己想放弃了，我也是掐着表擦干眼泪重新奔回图书馆继续投入复习。我周围的四五个考研成功的小伙伴也无一不是每天在图书馆泡 10 个小时，一直坚持到考研前一天的。既然是自己做的选择，还是尽全力而为之吧。

5. 最后的一点碎碎念

考研之前总觉得考上了就能如何如何，复习的时候觉得目标高不可攀，考上之后反而很风轻云淡。考研只是一个小关卡，并不是改变命运的钥匙，考完研后还有更多的事情需要去努力，毕竟为了和别人站在同一个高度你已经多花了半年的时间。我也曾经在大一大二的时候学习得过且过，为期末只熬夜复习就取得了不错的成绩而沾沾自喜，慢慢地才为自己的愚昧和不努力感到羞愧，为他人的进步感到恐慌，更是逐渐意识到，那些我常常觉得很聪明、随随便便就能拿好成绩、总是能幸运地获得酷炫实习机会的朋友往往都比我努力得多。所以想分享给大家的是：现在的努力决定了以后的生活，不管你的起点是什么，无论你是选择出国还是工作还是考研，都不要放松对学习、对工作、对生活的投入和对提高自我的追求。

最后祝大家一切顺利，考取自己理想的学校！

改变能改变的　接受不能改变的

人物简介：朱迪，男，2015 届金融学专业本科毕业生。曾获校级综合奖学金、院级优秀学生等荣誉，在普惠金融数据与政策分析部实习。现就读于对外经济贸易大学金融学院金融学专业。

很荣幸能有机会和学弟学妹分享我的考研心得。我主要介绍一下我对考研一些细节问题的看法和各科目复习方法，希望能给大家带来帮助。

1. 坦然面对

首先我必须要承认这个残酷的现实：考研很辛苦。如果选择考研就要做好生理和心理的准备。请不要把考研作为逃避找工作的借口，如果决定考研就要认真、坚持。这是无法改变的现实，能改变的，就是以什么样的心情和状态去面对这场大战。建议研友们正式准备之前摆正心态，坦然面对。考研复习过程中肯定会遇到低谷期，这时候可以和朋友约约饭、看场电影、逛逛街放松一下，但不能把低谷期作为不复习的理由。短暂调整后还是应该老老实实回到图书馆看书。考试前失眠很正常，毕竟准备了好久，而且这场考试关乎未来的选择，大家都会有紧张情绪。我在考试前一天凌晨两点还醒着，但第二天在考场上也会因为精神高度集中和紧张而毫无困意，因此我觉得不必为此担忧。不要在意所谓的考录比，再多的人考研也影响不到你的复习，做好自己的事情，坦然面对。

2. 时间安排

我的学习习惯是效率优先，时间安排为每天8:00—11:30、14:00—17:00、18:30到图书馆闭馆。绝对时间可能不长，但我在复习的时候尽量不去考虑其他事情，不玩手机，效率还算高。中午回宿舍狠狠地睡个午觉，晚上回来背背单词、打打游戏，11:30上床睡觉。科目分配上，前期我的主要精力在数学和专业课，中后期加强了政治和英语。我建议复习的时候保证每科复习的连续性，比如上午复习两个半小时数学后再复习一门政治；同时，按照考研科目的具体时间安排复习，比如上午考数学则上午复习数学。一般而言，政治、数学上午考，英语、专业课下午考。此外，我认为复习的时候每天都要兼顾到四门课程，保持复习的连续性。到最后的冲刺阶段，我建议按照考试时间用真题模拟，脱离复习资料，认真地用3个小时完成试卷并做好检查，让自己适应考试节奏和答题速度。

3. 关于研友

研友在孤独的考研战中必不可少，但一定要找脾性相投的研友。我和我研友聊天最多的话题是午饭吃什么，而不会打听对方的复习进度，也很少交流学习的事情，因为我觉得总是探讨学习问题会给自己带来更多压力。但也有很多朋友组成了学习小组，能讨论出很多收获。因此找研友因人而异。但是，如果复习时遇到了难题，我建议主动向研友、老师询问，他们都会乐意为你解答。

4. 学习心得

除了政治，真题都是最好的复习材料。在复习中期做几套真题，一是熟悉出题思路，二是给自己之后的复习寻找方向。留下几套真题到冲刺阶段模拟用，效果绝对好于任何模拟题。数学和专业课分数占比最大，应从前期就获得更多关注。可以先看一遍上课时的课件，认真做好课件上的练习题，并把公式推导一遍，回顾知识内容，并且同步仔细阅读教材，把基础打牢后再去做题。数学和专业课要保证一定习题量。前期做题肯定会很艰苦，但不要放弃，哪怕放慢速度也不要一遇到问题就看答案，要多思考、多总结，整理出错题集，时常回顾。对于专业课，最好在复习两轮之后自己整理出知识体系和框架，总结各个章节之间的逻辑关系，有助于理解整个科目。复习时，不要自己确定重点，要把各个知识点都复习到位，重点位置重点巩固。考研英语的难度很大，每年都有一些考生因为英语不达标而遗憾落榜，因此一定要重视。对于英语的复习，我认为单词是重中之重。前期复习，不需要做任何练习题，将单词一遍遍背诵、复习才是王道。在后面阅读练习时，也要不时巩固单词。在单词量达标后，可以保持每天 4 篇阅读的训练量，一是用阅读复习单词，二是体会出题思路和做题技巧，三是保持做题感觉。除了真题的阅读我中期后期各做了一遍外，其他阅读都是一遍，因为我不习惯每篇阅读读上好久认真分析的方法。至于作文，我认为需要准备各类应用文的格式，并在后期真正动笔写几篇，写的时候刻意写炫酷的东西，比如倒装句、短语、花哨的词汇等。可以试着打草稿，检验自己的做题速度。但根据我的经验，英语时间很紧张，打草稿很容易出问题。政治对我是个老大难科目，我太依赖教材，而没有抓住复习的重点和框架，这一点作为教训留给学弟学妹引以为戒。学习方法仁者见仁，没有对错，只有是否合适。大家都经历过高考的洗礼，我相信，用各自高考的学习经验和方式来应对考研复习绰绰有余。

考研之路，孤独而艰辛。没有老师给你指明复习的方向，没有全班同学陪你一起奋斗。这都是无法改变的事实。也许你不能保持快乐的心态复习，但请至少保持平常心，承认这些都是考研必须经历的，接受这一切。也许考研有命运的成分，但“三分天注定，七分靠打拼”，只要能踏实复习、坚持到底，相信总会收获满意的结果。

企业求职之国企篇

给学弟学妹的一封信

人物简介： 张肖，女，2012届金融学专业（金融特许分析师CFA方向）本科毕业生。连续担任三届中国国际金融展导展员，曾任院学生会副主席、院学业指导中心负责人，多次获得校级综合一等奖学金，曾获恒生银行奖学金，德育、社会工作与志愿服务奖学金。现就职于中国建设银行总行。

职场新生活已经拉开序幕，回想自己的大学生活，感觉有三个词可以概括：充实、努力、坚持。我很感激母校对我的培养，所以也请大家珍惜在学校的时光，多经历，多磨炼，多成长。

一入大学，我就加入了金融学院学生会，一做便是三年。回头细想，的确占用了我很多时间，但是回报也是我从未意料到的。做学生工作，大家不要有太过功利的想法，能力都是在无形中培养出来的，认真用心去工作，你将会是最大的受益者。我始终坚信：工作是大家的，而学习是我自己的。我也明白自己平时已经抽不出成块时间用于复习功课，因此，我会格外注重课堂上的记录，分条分点，重点标记，做到尽可能地详细，这样既有助于在课上强化记忆，又能在期末复习时拥有第一手的复习资料。另外，我会有效利用琐碎的时间空当，并迅速沉下心来学习。这种习惯是逐步养成的，自学的能力也在这个过程中有所提升。我始终认为学习是最重要的，也对自己的成绩有一定的目标。目标，我一直认为是垫垫脚就可以触碰到的，而前提就是一定要从自身实际出发。清晰定位，明确目标，这点在毕业的选择上是非常重要的。

大三下学期，人人都会犹豫和彷徨，但是请不要浪费过多的时间徘徊于三条道路之间，我觉得选择是一回事儿，更重要的是选择后如何去努力。每种选择都会有风险，而我们需要做的就是在低风险的情况下，选择更高的收益。

在纠结过一段时间之后，我最终决定考研与找工作并进，在不同的准备方向中寻找交集，提高效率，寻找最可能成功的方向。当工作有眉目了，果断放弃考研，专心备战求职。既然两头都要兼顾，我就把自己的求职目标锁定在银行范围内，特别是国有银行北京分行。小范围的求职，可以节约时间成本，有利于自己全面准备。其实对我来说，建设银行总行最初只是一个尝试，但当尝试可能变为现实时，就要牢牢把握机会。下面就我的求职之路做一个简单梳理。

备考笔试——事前准备很重要

在我看来，求职过程中每一个环节都是至关重要的，环环相扣，所以每一步都要做好充足的准备，特别是笔试。我把每次笔试都视为一场正式的期末考试，分值、题型、考核要求、考试范围和重点都了然于胸。同时，有效利用资源也是至关重要的。众所周知，应届生 BBS 是一个很好的求职经验分享平台，上面有很多笔试面试经验，那些都是考试的精髓，对于历年的真题都有琐碎的记录，但关键在于自己总结，发现规律，积累知识点。由于银行考试的涉猎范围很广，涵盖金融、管理、营销等专业方向，很多东西比较陌生，所以积累是非常有帮助的。如同上学时候的考试，我把每次考试不会的知识点以及平常看书中的生疏知识点都做了笔记。现在笔试大多采用机考形式，如工商银行和中国银行用的是同一个题库，所以每场考试结束后自己总结，可以提高成功的几率，达到事半功倍的效果。

经过诸多考试的历练，在我看来，银行的考试主要包括以下几个方面：《银行从业公共基础》，国考银监系统的专业课考试也考这本书；另一部分是行政能力测试，推荐复习《国考行测真题》。专业方面，宏微观经济学、货币银行学、国际金融、风险管理、管理学、公司理财，都有涉及，而在准备笔试过程中，我把这些专业课的书又基本都过了一遍，甚至涉及CPA的东西，因为难度较大，所以只看了去年的真题。时事政治方面，网上为公务员总结的有很多，下载一份即可。英语部分采用托业考试的形式，不太难，我没有过多地准备。

冲刺面试——细节和从容是关键

对于一份工作，基本要进行三轮面试才做定夺，因而面试也是需要精心准备的。求职前，首先要深入挖掘自己。俗话说，只有自己先了解自己，才能让别人了解自己。建议大家找自己的同伴好友来共同完成这项工作，短时间内是十分有效的。面试，并不意味着告诉对方我是谁，而是要让对方相信我就是他要找的人。所以，从容应对，真诚沟通。不必华丽地包装自己，更不必刻意掩饰自己，而是要真实地表达。面试时，要针对不同银行有不同的设计，针对不同岗位有不同的设计，也就是挖掘自身与之相符的特质。这些话虽然写在这里稍显空洞，但是需要大家细细琢磨。

做生活中的有心人，这一点在求职中我深有体会。大二时，学院曾经举办过建设银行总行校友论坛，当时我记了详细笔记，所以当过了建行总行网申我就开始一遍一遍研究那些笔记，猛然发现里面对总行需要人才的特质、员工发展方向以及求职如何准备都有所涉及，有用信息很多，使我受益颇多。

求职过程，难免失败，不妨换种思路想，面试官都是非常有经验的，他们不选我，只是我不适合，即便我勉强争取到这份工作，或许将来的职场之路并非顺畅通达。

四年，是可以改变很多的，我们只要勤于思考，执著向前，就会行得远路。最后，想跟大家分享几点建议，一些是我自己的感悟，更多的是我的遗憾之处：

第一，找工作不是一件易事，一个人只有几分钟的时间，如何在这几分钟里不被淘汰，需要深入思考。即便专心找工作，也不要有面试时才去忙活，没有面试时就无所事事，空闲时间要多学习，认真准备对找工作非常有帮助。

第二，大一大二的同学不知道该怎么选择，那么就把成绩搞好，GPA 弄高，这是基础。

第三，多参加在学校举行的面试，省时省力，有针对性。

第四，做求职进度表，熟记各网站用户名、密码。

第五，焦虑时多和师长沟通，老师也曾给了我许多很中肯的意见，非常受用。

祝学弟学妹们的明天越来越好！

阳光总在风雨后

人物简介：闫瑾，女，2011届金融学专业本科毕业生。曾任校合唱团团长，随团获得北京市大学生艺术展演一等奖，曾作为学校艺术团成员赴欧洲、美国参加孔子学院揭牌仪式演出。现就职于中国银行总行个人金融总部。

又是一个金色的秋天，又是一个学年的开始，在工作的间歇回首大四那年的匆匆岁月，泪水与欢笑，彷徨与坚定，一切经历都依然记忆犹新，感慨万千。如今初入职场，又对那些求职的日子有了新的感悟，也希望能和大家分享，给所有踏上求职之路的同学一个参考。

一、路在何方

曾经在刚刚上大四的时候依然没有明确的方向，一直在是该出国留学还是该找工作的问题上摇摆不定。但大三时因为准备出国留学而考了雅思、托福、GMAT等，同时又为准备工作考了证券从业资格、TOEIC等各项考试，因而并不担心简历中的这一部分。但因为一直没有确定方向，所以确实耽误了一部分的网申。

直到后来，我才明白，在毕业去向的确定上，选择是一个非常重要的字眼。选择出国留学或是选择工作，选择国企或是选择外企，选择待遇好的单位或是选择自己喜欢的工作……那些能尽早在选择的过程中作出决定，并坚定地向着目标进发的人们往往会获得更大的成功。大四的时光，似乎总会有人告诉你该这样好或者那样好，当你听到同学收到某所著名国外大学的Offer或是看到别人得到了高薪的工作，而你却还迟迟没有通过网申这一关，你也许会对自己的路更加迷茫，更加犹豫。但在这些时候，请务必要坚定自己的信念，相信你的付出终会有回报。

选择工作，因为我在学校里的经历和性格的关系，更适应职场的环境而不是学术研究。选择银行，因为和我自身的专业更加对口。选择中国银行，因为我对中行的文化更为认同。所以在求职之前，一定要充分认识到自己的优势与不足，也要通过学校提供的宣讲会、就业指导中心网站和企业自己的网站深入了解不同企业的不同特点，明确求职的方向，从而选择能和自己更加匹配的工作进行重点的准备。

明确终点的方向，想清一路上可能需要应对的问题，再开始踏上求职之路，也许，成功离你会更近一步。

二、简历与网申

每一个求职的同学都希望自己的简历看起来更加完美，更加能够吸引招聘者的眼球，网上流传着很多的模板供大家参阅。以我自己的经历来看，准备简历似乎是求职过程中最需要时间、最需要精力的部分。之所以称之为“简历”，顾名思义就是要用最简练的语言和形式来讲述你的经历。GPA、英语考试成绩和其他资格证书自然是最基本的要素，出色的学业成绩肯定会为你加分。但我想在招聘者挑选合适人选的过程中，你的实习经历和通过各种活动体现出来的能力会是更受重视的因素，因此如何在简历中体现你所具备的能力就变得十分重要。挑选你写入简历的经历时，一定要选择那些能够展现某些你的突出能力的事件，就像出国留学写 PS 当中要用详尽的事例来说服录取官一样，那些所谓的“有组织能力、有团队协作精神”等等都是需要你来证明而不是空喊出来的。

相信现在每个准备求职的同学都会有或多或少的实习经验，但是和你要投简历的公司是否相关是很重要的因素。如果你曾经在不同类型的企业实习过，广泛投简历的时候必然会有一定的优势。当然，如果你像我一样确定了银行这样一个目标，那么你的实习经历中就应该更加浓墨重彩地描述你曾经在这个行业做过的各项工作。我曾经在中国银行和中国民生银行分别实习过国际结算和个人金融的业务，这无疑为我进入中国银行从事个人金融的工作提供了重要的砝码。毕竟，在工作当中学到的东西比起书本上的知识要更加实用，更加切合当下的形势。

在网申的过程中，大家都会面临各种开放式问题，无论国企还是外企，最重要的是你的答案要注重逻辑性和创新性，同时真实地回答问题也是招聘者对我们的一次考验。

三、笔试和面试

笔试的准备过程可以很短，也可以很长，我认为关键在于平时的积累，而非临时抱佛脚。作为贸大的学子，相信大家只要努力，英语肯定不会成为求职路上的阻碍。我在大三准备出国的过程中，因为要考雅思和托福这些语言类的考试，所以对英语一直没有放松，TOEIC 的考试又为我提供了一些职场英语的补充，所以在笔试中，英语相对轻松自如。我想，即使不准备出国的同学，也可以通过这些考试的真题或是复习题来提高自己的水平，这不仅对于求职的笔试，甚至对于面试和今后的职场生涯都有十分重要的作用。

对于专业知识，需要在平时的课程中对一些细节特别关注，所有的考试都不会很难，但知识的范围却相当广泛，货银中某个不起眼的概念，会计中某个不被重视的规则，营销学和管理学中某个不会刻意记住的人名，都可能会在考题中出现，如果平时不注意，可能考试结束后会扼腕叹息。网上也有很多资料对这些进行了整理，大家可以参考，但一定要自己多去注意、去总结，别人的东西永远不会比自己的东西记得更牢。

通过笔试后大家都会非常兴奋地准备面试。学校的就业指导中心会提供面试辅导，前人的经验也会给大家更多的启发。我认为，群面、单面，无论形式如何，最重要的是展现一个真实的自己。群面过程中，整个组的气氛都会对你有很大的影响，这时要在团队合作意识和自身能力展现两方面找到一个平衡点。我在群面的过程中一般都是一个配合的角色，但也会在一些面试中充当主导的角色，这就需要面试时对小组的整体有充分的认识，从而找准适合自己的定位。而在单面过程中，面对一系列的压力测试，沉着冷静让我收获颇丰。用最具逻辑性的语言、最积极的态度和最真实的自己完成的面试，一定会是成功的面试。

每一个人的求职路上都会有很多的艰辛，会经历选择的犹豫，等待的焦急，被拒的痛苦，但只要做好了充分的准备，自会收获一份满意的工作。求职其实也恰似一场旅行，前路是去往远方的行程，路途漫漫，但总会给你温暖给你帮助，总会有美的风景让你舒心让你快乐。勇敢地踏上这段旅程，多年后，它会成为你最珍贵、最难忘的回忆。

唯一的货币是时间　唯一的财富是经历

人物简介： 肖逸群，男，2012届国际经济与贸易专业本科毕业生，曾获校级综合奖学金、校级一等专项奖学金、国际交流特殊贡献奖，被评为校级优秀学生干部，在学校青年领袖计划征文比赛中获得特等奖，现就职于中国进出口银行总行。

一、关于目标的明确

我最初的打算是毕业后就业。因此，在大三之前所做的学生活动和找的一些实习也都是有针对性地往这方面靠近，希望能够借此培养自己的各方面能力，同时积累一些经验。贸大校园纪念扑克“贸牌”的推出就是我锻炼自己的一次尝试。

关于出国方面，我的考虑主要是家庭经济负担以及回国就业前景这两方面的因素。出国留学费用较为昂贵，对家庭而言是一笔较重的负担，自己不希望给父母太多的压力；而且，即便是出国回来之后，也不一定能有合适的好工作。因此当时并未以之为首选。关于公务员，由于政策原因和竞争的激烈程度，最初也没想过考公务员。

家里人的想法是，如果没有非常理想的工作，那么可以先出国锻炼，回国之后再继续找；如果自己能够找到一份合适的工作就先就业。考虑到家人的意见，我最后决定一边找工作一边准备申请出国留学，同时找工作方面往自己愿意去的公司投递简历，不进行海投，为准备出国提供充足的时间。最终我被中国进出口银行总行录取，同时也拿到了几所国外大学的 Offer。

以上是我自己对于各种选择的想法，建议同学们结合自己的实际情况，逐步确定毕业后的目标，理性选择。

二、关于大学的生活

前面提到了，我最初的打算是毕业后就业。因此，在大三之前所做的学生活动和找的一些实习也都是有针对性地往这方面来准备。

大一时我在校志愿中心和校会公关部担任干事，大二加入了校团委宣传部。大二下学期我负责了学校第一届国际文化节的宣传设计工作，并因为这次活动获得团委老师的支持，创建了多媒体设计制作中心。与此同时，我还加入了 GSVC，担任中国区组委会宣传方面负责人。随后，经积极争取，有幸参与了一些开阔视野的项目。例如 2010 年 3 月赴香港参加廉政公署主办的“诚信 I 时代”青年计划交流活动，以及 2010 年 8 月参加“大学生商务汉语体验营”项目，赴香港和雅典参与交流实习的活动。

到了大三上学期，因为身兼多职，每天都比较忙。除了学生工作和项目之外，还有越来越多的专业课。这个时候，如何平衡、高效地利用时间变得尤为重要。之所以在大三依然参与社团活动，是因为一般项目都是由高年级同学负责，而这种经历所带来的成长非常宝贵，所以在学业比较重的时候，我还是保留了一些社团职务。现在想起来，当初的坚持还是正确的。虽然每天都异常忙碌，但是自己从中得到了很多别人不曾有的感受与收获。

三、关于学业和学生工作

大二的时候我也曾经选过双学位，但由于大三时专业课较多，而且社团活动方面压力较大，最后放弃了双学位。双学位和辅修，在最开始选择的时候，会有很好的预期，但随后会碰到很多新的机会，也容易与课业产生冲突。这个时候应该慎重考虑并果断放弃该放弃的。不能因为双学位而影响自己原有的专业。

关于学生工作与学业的取舍，很多人可能一开始会觉得过多的学生社团工作会占用很多学习时间，因此会放弃学生工作。但是对于部分人而言，在学生工作减少之后，花在学习上的时间可能还是不会增加，多出来的时间可能是花在其他无关紧要的事情上。因此，对于这些人来说，在放弃学生工作前应该谨慎考虑。从选择就业的角度来说，成绩所占的比例不会太大，面试官一般更多看面试者的言谈交际、分析事务的能力，也就是面试者给人的“感觉”。这方面往往学生工作带来的锻炼更为直接。

如果将来需要出国或者希望保研的话，那么学习将会是非常重要的。如果要出国，但成绩不高的话，将会是申请时的“硬伤”。这点希望准备出国的同学要好好把握。

四、关于实习经历

在大二大三时积累的“Leadership Experience”对日后找实习、找工作有很大帮助，不仅可以反映在简历上，而且这种经历对于面试效果也很明显。因为负责人需要做的，是通过自己的协调、努力，来带动、影响他人，是整个项目的灵魂。一个团队的成败，与负责人的能力有着最直接的关系。“Leadership Experience”对于个人，也是很好的锻炼。在爱特曼公关公司面试时，我曾被问及，自己做的都是项目管理的工作，那将来如何能扮演好一个成员的角色。我回答道：通过项目管理的经历，自己会更加清楚怎么去做一个好的成员，来协助完成整个项目。外企一般喜欢积极主动、有活力的求职者，而通过这种经历可以得到很好的锻炼。

简历方面，我觉得简历越早做越好。只有这样，才能更加知道自己要什么，也会更加明确自己在做什么，自己适合什么类型的工作。做简历其实就是将之前的经历进行积累总结，并通过各种学生活动和各类实践、参赛项目让自己的经历更加丰富。我是在大二下学期开始做简历的。建议同学们尽早开始简历制作。

找实习方面。现在想实习的人很多，但社会上提供的实习岗位却很少；而对于公司而言，实习生所能扮演的角色也十分有限。因此，要抓住每一次机遇，多与高年级的同学沟通，表达希望找实习的意愿和想法。最开始的实习往往比较难找，这时可以从一些门槛低的公司入手，慢慢地再尝试业界较为知名的公司，循序渐进。

找工作的时候，实习经历会是面试官比较看重的部分。假设我有 7 个月的实习经历，那么相比那些只有一两个月实习经历的人而言，我对于行业或者公司的了解会更加深入，企业就会更加倾向于选择我。另外，实习经历给人带来的锻炼也是实实在在的，面试的时候可以体现出来。因此，最好不要在简历中对实习的时间、岗位等信息进行编造或更改，否则诚信问题会将求职者一票否决。

五、关于企业所看重的

首先是个人的教育背景，通俗讲就是哪个学校的、学历是什么。在此基础上，对不同种类的公司而言，所看重的有所不同。

外企比较注重实习经历和思考能力。因此很多外企会对新进员工进行培训，并且在之后的工作中会有很鲜明的选拔和淘汰机制。外企中的投行和咨询普遍对学习成绩要求较高，甚至会要求在面试时出具成绩单或学院的成绩排名。外企偏好有主动性、相对较为积极的新员工。同时，外企在面试时一般会比较喜欢挑战、质疑面试者，因此简历上的内容如果作假的话，将会很容易被面试官看出。

国企主要看的是生源地、性别、学校、专业和学历。而且，国企比较注重笔试的成绩，希望招进来的学生更为成熟稳重，能够服从命令。另外，在同等面试者里，党员的身份对于国企而言也会具有一定的优势。

对于招聘，简历只是敲门砖，只能为求职者提供面试的机会。公司选人最关键的环节是面试。在面试前，要充分准备好自我介绍，面试时要注意说话的神态和语气，务必穿上正装，并且注意礼貌。关于面试的内容，大家可以参考一些前人的面经。

六、关于择业与就业

大学时我经常会想，毕业后应该找什么样的工作？相信每个人都会有这样的疑问。很多文章都建议找自己喜欢的工作，这样以后工作起来不仅快乐，而且在这个领域也容易有所造诣。但是大多数文章都没有说怎么找到自己喜欢的工作，这是一个很难的问题，因为每个人的性格、世界观等都不一样。我觉得，多去经历一些东西，会对发现自己适合哪一行有很大的帮助。很多人说自己喜欢摄影，说了很多年，但是却一直未能有所行动，那么他只是说说而已，因为这对他是新鲜的，而不是他真正喜爱并能坚持的。如果你觉得自己喜欢某个东西，那么就多去尝试，多去经历，慢慢地，你会发现自己是真正喜爱还是出于新鲜而喜欢。另外，找工作是一个漫长的过程，现在的就业市场处于供过于求的状态，对于求职者而言，要找到一份心仪的工作，需要提前准备，并且积极把握每一个机会。一般也可以与志同道合的朋友一块儿组成一个小组，定时交流交流找工作的心得，分享一些求职的信息。一个人可以走得更快，一群人可以走得更远。

从惠园到“江湖”

人物简介：王维威，男，2010 届英语专业（翻译方向）本科毕业生。现就职于中国土木工程集团有限公司。

到沙特没几天就遇到了 2004 级的学长。他在铁建，我在中土，如今都在麦加为同一条铁路忙活着。学长比我早到惠园两年，就是说，当我还是个愣头小愤青的时候，他已经是一个纯正的贸大人。聊起惠园的事，最让我们感慨的不是摇曳在湖畔的浪漫，而是师长意味深长的教诲。

一、接受这个工作吗？

身为应届生，有太多东西是我们无法看清的。关于钱，所有的公司都在说，“提供同行业有竞争力的薪酬待遇”；关于前途，小作坊也都提供“广阔的个人发展空间”。因此，在衡量一份录用通知的价值时，与其纠结于这些永远得不到真实答案的指标，还不如仔细思考一下，我要的究竟是什么。

我们拥有知识，却无甚经验；我们拥有梦想，却不知如何实现；我们拥有人格，却不得不为现实低头。那么，我们到底需要什么？

答案或许是，一个踏实做事、不断进步的机会。

爱上一个工作有很多种理由，比如亲善的同事、开拓性的工作、豪华的办公条件、信任自己的领导、如云的单身美女、跨文化的工作环境……用一句话概括，就是有各种因素能让自己安下心来，为公司创造价值。对于应届生来说，接到录用通知时，只需问问自己：我能安心地为它工作吗？如果答案是肯定的，那么就拿好毕业证、学位证、身份证、报到证，奔它去吧！

当我接到中土的录用通知时，心里的答案就是肯定的。

二、开始找工作！

2005级某学长去了尼日尔工作，在校内上传了不少撒哈拉的照片，那无边的大漠和剽悍的越野车当时看得我心潮澎湃。另外一个学长在阿联酋迪拜做房建，而该学长当年被戏称为“英院的骄傲，不倒的大旗”，是我大学期间的榜样。看着前辈们都在海外拓荒，我也抑制不住想去外边的冲动。

9月份，career. uibe. edu. cn（对外经济贸易大学就业指导中心）和Yingjiesheng. com（应届生求职网）这两个网站是我每天都要看的。泛泛地投一些，同时有重点地观察海外工作的职位。这种公司一般在外语类院校和工程类院校招聘得比较多，所以应有针对性地时常关注这类院校的就业信息网。

某天下午，学校就业指导中心出现了中土的招聘信息，甚好甚好，投之。很快就接到了面试通知。面试安排在10月中旬，当天为贸大专场，共有6个贸大男，其中4个研究生、2个本科生。第一个环节是笔译，内容为合同条款翻译。因为大四上学期正在经受周玲老师的严格训练，所以多少对合同翻译有点底气。现在反过来看，如果没能有幸聆听周玲老师的教导，第一关估计就悬了。随后是口译测试，更具体地说是视译。难度不太高，一页A4纸的长度。翻过之后，经理问我，在学校里受过这方面的训练吗？我实话实说，有过，但从没翻过这么长的。经理又问，外派条件艰苦啊，有准备吗？我依旧坦白，我还年轻，无所谓。

一周后，接到了“二面”通知。“二面”是人力资源部的面试，随便问了几个不着边际的问题，估计是考察职业倾向、表达能力等，我依旧本着“坦白从宽”的原则，脸皮磨薄，实话实说。

又是一周，10月底，我接到了录用通知，义无反顾地奔中土而去。

很快，室友们也陆续有了着落。老大去了中国工商银行北京分行；老二去了中国海外工程集团，如今在苏丹和肯尼亚之间游荡；老三考了北京师范大学教育学专业的第一名；老五依然留在贸大，读欧盟口译司的硕士项目。

毕业季总会诞生很多校园牛人，说自己拿到了N多录用通知，其中除了知名外企就是500强国企……如果以重量级录用通知的数量来衡量毕业生的水平，那我们五个兄弟可就都是就业困难群体了。

签约之后，我们就立即停止了各种面试，所以每个人都只收到了一份录用通知。在巨大的就业压力下，站着茅坑不那啥是很缺乏社会责任感的。

三、实习

大部分企业都没有专门的实习生计划，一般都是在缺人手时才会召唤若干小劳力。大二下学期的时候，我被好友带到了市科协国际部临时带个公务团。直到毕业前夕，我依旧为科协的活动忙了一个月。四年中，我没有为其他任何机构做过长期的实习，却为科协坚持了大学的后半程。这固然与科协每次实习周期短有关，但更重要的是，与办公室的前辈在长期工作中积累成的信任，使我不忍放弃这份实习。

在工作能力上，一份实习能带给人的提升往往有限。科协实习所带给我的，与其说是能力的提升，不如说是对一些浅显道理的重新理解。

某次陪同时值秋末，由于时间仓促忘记了带厚衣服，同行的一位希腊土建专家见我不停搓手，便提出把外套让给我，而脱掉外套后，他和我一样只剩一件单薄的衬衫。虽然我百般推辞，可亚洲人的体格究竟不是斯巴达们的对手。他笑着对我说：“我或许比你的父亲年纪还大，而你还年轻，如果你冻感冒了，我如何向你爸妈交代呢？”

文明社会的标志不仅仅是生活富足，更是社会成员之间最朴素的关爱。送机时我才知道，这位老先生不仅是土建专家，还是欧洲一家著名设计公司的总裁。

科协的实习带给我体验不同价值取向、不同思维方式的机会；在高强度的工作条件下，我也看到了许多同辈身上的亮点。上文提到的“英院的骄傲，不倒的大旗”学长，正是在科协期间被我当做榜样的。学长在工作中表现出巨大的责任心和强大的气场，当时我就觉得，跟他“混”，有前途。也就是这个简单念头，使我每次都能尽力接受科协的召唤。后来我想，如果一个老板能让他的员工都觉得“跟他混，有前途”，那么他必定是个成功的老板。

不得不说一点，对于大学生来说，完成学业才是第一要务。再漂亮的实习经历也没有毕业证和学位证来得实在。如果缺席课程过多而导致挂科、影响毕业，根本得不偿失。

四、惠园生活

总有人抱怨贸大图书馆的藏书太少，而且偏科。但对我而言，贸大的藏书已经足够丰富了。我实在不是一个文艺的人，对小说诗歌啥的没有丝毫兴趣。新图书馆里，我喜欢的政治类、社科类的书籍虽不是应有尽有，但也算面面俱到，足够汲取些基本的营养。

英语学院的老师们也很给力，各路英雄将每堂课都演绎得异彩纷呈、发人深省。如果可以，我还想回到贸大，听我的导师们把平淡的知识讲得动听悠长。

贸大是中国众多 CPU（Crazy Presentation University）里的领跑者，课堂陈述风靡各大院系、各大课堂。不过，并非所有人都能利用课堂陈述的机会锻炼自己。时常能看到同学作出密密麻麻的演示文稿，站在讲台上一顿疯狂朗读，或者盯着显示器呈忏悔状细语。演示文稿本来是起辅助作用的，但有的同学反而被演示文稿所限制，草草浪费掉锻炼演讲能力的好机会。在演示文稿的准备阶段，应当充分做好研究和加工，而不仅仅是从维基百科或者各色数据库里复制粘贴；在课堂陈述时，则要自信满满地展示出研究成果，而非诵读研究报告。前者往往比后者更难，也需要更多时间。仅仅靠课堂陈述之前的一个晚上来准备是必然不够的，然而为了应付了事，确实不乏有人如此炮制金玉其外败絮其中的演示文稿。事实上，如果认真对待每一次陈述的机会，四年里必定会大有提高。

收获在大学　扬帆在职场

——我的超长求职经

人物简介：高松，男，2010届国际经济与贸易专业本科毕业生。曾参加欧莱雅全球商业大赛“Brandstorm”中国赛区总决赛、OVAL（Our Vision for Asian Leadership）中日韩大学生商业创意大赛总决赛、第四届首都高校经济学院辩论赛并获得冠军（主力成员），接到欧莱雅、强生、宝马等六个offer。现就职于中国五矿集团公司。

一、行业

为了积攒RP（人品），给后人一些可供参考的小经验，现对自己找工作的心得做一个小小的总结。由于学校特点，贸大学生毕业的去向比较集中，一般分为如下几个方向：

1. 大型央企，如中粮、中化、五矿、中联油等等。这是由于贸大在这些企业中有比较好的“人脉”基础和口碑，进入这些企业就会发现，师兄师姐比较多。这些企业在经历了改革后，效益明显好转，所以员工福利待遇都相对较好，工作压力相对较小。但随着国资委的考核不断严格，工作也不轻松，尤以中化、中粮为代表，堪称“国企中的外企”。

2. 银行。尤其近几年，各大银行的总行和分行在贸大招人都比较多，主要以金融专业为主。关于工作待遇和压力，基本规律是国有银行工作压力相对较小，待遇也相应低些；像民生、招行等非国有银行，压力较大，待遇也相应高些。这就是所谓的 no pains，no gains。

3.“四大”。可以说是贸大的天下，是每年解决贸大就业的主力军，以会计、金融为主，其他专业也有较大机会。各家待遇基本一样，就是文化有所不同；基本都分为审计、税务和咨询；不同部门，出差的频繁度和待遇也有不同，总体来讲，咨询的待遇更好些。如果对财务感兴趣，“四大”是一个很不错的职业起点，为将来去各大公司从事财务工作或者跳槽到投行、咨询都可以打下良好的基础。德勤的一个合伙人曾和我说，在他们眼里，德勤乃至“四大”，更像是学校或者培训机构，还在继续培养人才。

4. 快消类，玛氏、宝洁、欧莱雅、强生、百威英博等等。这些企业都有 MT 项目，感觉像是一个速成的培养模式，成长很快，当然，因为企业在培养未来的接班人，所以所要数量比较少，对应聘者要求比较高，竞争非常激烈。贸大每年去这些公司的人不是很多。待遇基本好于“四大”，出差大多是 4、5 星级饭店，看似很风光，工作也比较辛苦，因为周围都是不断进取的精英，工作压力也较大。

5. 咨询、投行。貌似近几年本科生去顶尖咨询和投行的凤毛麟角。我个人觉得原因是咨询、投行要人非常非常少，在大陆平均要不超过 5 个应届毕业生。投行要人的标准基本分三类：A. 背景强大，即社会关系。投行需要这种人去给他们拉项目。B. 执行能力超强。即 Word、Ppt 等软件应用以及做事的超高效率，可以经常连续加班，而且保持高度的工作效率以及完美的执行能力。这类人是在 A 类人拉回项目后执行项目的。C. 有很好的潜力，尤其是领导力，投行也在找接班人。不过因素 C 被考虑的很少，基本是前两个因素决定了是否能进投行。

6. 中小型贸易公司。这类公司说出名字大家可能都没听说过，但是由于规模不大，个人承担的责任很多，成长很快，待遇也很好，如果足够努力而且有天赋，可能经过2—3年就成Trader或者Broker，发展前景大好。

7. 风投、私募。这是近些年比较流行的行业，贸大也有些师兄师姐进到里面，具体情况我不是很了解。

俗话说，男怕入错行。选好自己的职业方向非常重要，是事业能否有所成就的先决条件，需多思考，慎行。大家可能习惯于听到这个又跳槽了，那个又被猎头挖走了，但是真正做到比较高职位并在某领域有深刻研究的，还是那些选好行业和公司后埋头深耕的智者。不断地跳槽，需要不断地适应环境，与同事、老板磨合，在时间和精力上都是一种浪费。

以上是贸大人毕业去的比较多的行业，仅供参考。欢迎大家补充，以供后来人借鉴。

二、大学中的积累

根据我的观察发现，很大一部分人到了大四开始找工作，或者大三开始找实习时，才开始急着学习写简历，学习面试技巧，其实已经有点晚了。我个人经验（仅供参考），大一大二注重校园社团活动、竞赛等等，提高自己的组织、策划、沟通以及动手做事的能力；参加竞赛，把书本知识运用到实践，体会真正的做business case的感觉，在这个过程中发现自己的不足，并加以提高，践行“学习，思考，实践；再学习，再思考，再实践”的过程。说白了，未来企业看重的是你是否可以创造利润，解决问题，而不会关心你的理论积累了多少、GPA到底有多高。当然，这里不是忽视学习的重要性，而是着重强调思考和实践，把所学的知识转化到实践中，有的放矢。我一直觉得自己很幸运能走进贸大，她提供给我们的平台足够大足够好，就看自己怎么在这个舞台上充分地展示和实践了。

从我自己的经历以及找实习和工作时的感受看，学校社团和学生工作是填充简历的基础。但是，最好认真做自己的工作，不要只图挂名，只为简历上好看，而占着位置不做事，或者不尽心做事。我大一大二的时候，由于年轻和好奇，参加了比较多的组织，团学联、志愿团、田径队、辩论队等等，然而对于每个属于我的责任，我都尽全力做到最好。也曾经感到非常疲惫，也曾被人误解，被人嘲讽……但是我顶住了，走过来了，这就是财富。我不在乎头顶有多少头衔，而在意做了什么，和谁一起做事，多付出，总会有回报。说得功利一点，在面试及以后的实习、工作中，你到底做没做事，你的老板以及面试官是很容易判断的。所以，注重过程，注重自己的付出，结果自然不会太差。说得现实一点，多参与各种活动，你能结交好多朋友，收获好多思想，这是最大的财富。从挨个宿舍发传单、海报栏前组织募捐，到代表学校辩论队首次夺冠、组织田径队取得成绩的突破、TA 和新东方的教学经历，再到放弃 OVAL 总决赛而投身奥运志愿者，再到 L'OREAL 全球商业大赛，这些经历都源于点滴的付出和执著的坚持。没有人逼我做这些，我完全可以白天睡懒觉，晚上打网游，逛夜店，周末四处玩……但我选择了我认为有价值的大学经历。在我参加的各种活动和社团中，结识了很多学长学姐，他们在我以后的比赛乃至人生思考中，都给了很大帮助，在这里感谢你们，我会永远记得；也结识了许多好朋友，也是我后来比赛的合作伙伴，更是我今后人生路上的挚友。

有些人可能会说，我这人天生比较懒，不愿折腾那么多事。人生还是会遵守守恒定律的，大学前三年懒，大四找工作就得折腾你，而且是体力和心理双重折腾。自己的路都是自己走的，自己的人生也是自己的双手谱写的，到底是谱出贝多芬的命运交响曲，还是不着调的音符堆砌，都归功于你自己。

在学校活动中努力做事，勤于思考，就会在不知不觉中提高综合素质，这为我后来找实习奠定了基础。找实习不要等，别说我才大一大二，离毕业还远，而当你觉得毕业就在眼前，却发现还没有拿得出手的实习和像样的简历，个中滋味……其实，无论毕业打算工作、考研还是出国，实习经历都非常重要，因为无论早晚，你总要出来工作。所以，经历就是财富。

开始的实习，不要嫌弃公司名气小、工作职位低、待遇差，洛克菲勒的孩子、李嘉诚的孩子也都是从打杂做起的，不要犯眼高手低的错误。不要看不起你的同事，也许你感觉他们能力不强、素质不高，但请擦亮眼睛看看他们的优点，那才是你需要重视的，而不是挑别人的毛病，因为那样没有任何意义，只会给自己添堵。别觉得自己的 Excel、PPT 甚至 Word 用得很好了，在实际工作中你会发现自己还有很多不会、不懂的，所以务必加强练习，至少把自己已经掌握的操作运用熟练了。Practice makes perfect!

总结一下：（1）多参与学校活动，积极做事，善于思考；（2）多结交朋友，相互交流；（3）提早做职业规划；（4）尽早实习，提高操作能力，适应职场氛围。

三、简历和笔试（网申）

一份好的简历是获得笔试、面试机会的敲门砖。在求职路上，常听人抱怨，为什么我海投了那么多，完全石沉大海？关于投完简历没有音讯的原因大致有如下几点：（1）投简历的人太多了，你的简历完全没有被打开。当面试官只招一个或者两个实习生的时候，他不会打开成千上万个简历仔细斟酌，然后按照标准打分排序。换位思考，即使你不忙，也不会这样无效率地工作吧，何况大多数企业的人力资源部人手都比较少，大家基本是身兼数职，所以很难有空仔细看每一份简历，基本是随机抽取一部分，如果有合适的就拿来面试了，如果没有，继续随机挑选，我能拿到在 ADL（咨询）的实习，很重要的一点就是我在第一时间投了简历，被 Boss 看到之前的实习经历比较符合职位的需要，才有机会面试，最后破例拿到这个只有北京大学、清华大学的学生才有的机会。（2）简历投的太晚，一些实习机会，虽然写着 DEADLINE 是某月某日，其实很多发了招聘的单位两三天内就开始了面试过程，由于职位需求人数不多，所以不会花费很多时间精力来组织面试；即使面试官有空多面几个，要人的部门经理也没太多时间不停地面试。所以想找实习，找到好的实习，请多花些时间和精力在招聘网站。（3）说完了外因，就是更重要的内因了——自己简历的含金量和吸引力。含金量是指简历的内容，吸引力是指简历的格式和视觉效果。不要像流水账一样堆砌自己的经历，重要的是写出你在经历中体现了什么能力，提高了什么技能，这是企业想看到的。确定一个至少自己看着就很舒服的模板，最好多找几个进行比较，看看哪个最好，也可以让周围的人参谋一下，综合各方意见。简历不要千篇一律，也不要太“出人意料”，会让面试官觉得这个人不怎么靠谱，新颖但不夸张会比较好。具体细节还需针对不同企业、不同职位进行斟酌和修改。

先从总体上来说说笔试和面试。

笔试有两种形式，一种是真的用笔去写，如“四大”、中粮、中化、五矿、宝洁、强生等（仅限于我个人经历过的）；一种是在电脑上进行，如百威英博、UBS、巴克莱投行等（大部分属于网申的一部分）。“四大”、宝洁等的题型全是选择题，以 SHL 的题型为主，在网上也可以找到很多笔经，有空可以多加练习；而中粮和中化则和公务员考试的题型一样，既有行政能力测试的选择题，也有申论，当然大多和企业、社会、国内外热点问题相挂钩。也有人认为，认真准备公务员，对国企的笔试非常有好处，还是蛮有道理的。然而五矿的笔试，是分部门、分岗位进行的专业笔试，可见学好专业知识还是很重要的。不过，就我个人而言，出于部门内部考虑，笔试的是管理方面关于波特五力模型之类的管理营销的理论和案例分析；由于我一直参加各种商业比赛，喜欢看一些商业案例，所以还是游刃有余的。可见，平时的积累是非常有必要的，关键时刻会发挥重要作用。

另一类笔试，即网上测试，也有其特点。大部分公司，包括投行、快消、“四大”等等，都是用 SHL 的题型来做网上测试。但是像百威英博就是自己出一些性格方面的题，看应聘者是否符合公司的文化。性格测试是网申的重头戏。因为一般情况下，网申就是筛人最多的环节，而性格测试往往是网申中筛人最多的环节。如何做好性格测试？Be yourself。有些人觉得宝洁的性格测试好难甚至变态，明明自己完全按照公司文化选的，还是没有通过网申。我个人觉得这个也不用太遗憾，如果去了一个和自己性格不适应的工作环境，自己也不会舒服的。

简单总结一下，关于简历和笔试（网申）：

（1）重视简历和网申，这是筛人最多的环节，一定要有自己的特色，体现出自己的能力和素质，别只说参与过什么活动，因为学生参加的活动大多对企业没有说服力，而是要让企业看到你从中锻炼的能力，能适应未来什么样的工作。

（2）多做几份简历，至少针对国企和外企要分开做，外企更看重做事能力，国企更看重你的性格和责任感，当然不是绝对的，要因企业而异。

（3）有空多练习 SHL 的题型，不必多说，找工作的时候你就知道好处了。

四、面试——综合素质的较量

经常听到有人愤愤地抱怨，为什么我学习成绩那么好，拿了那么多次奖学金，却在找实习和工作的时候会不如那些学习成绩一般的人。我个人认为，在大学开始后，每个人都应该更注重自己综合素质的提升，而非只是成绩。考试成绩好只是一个方面，而从我个人经历来看，只是很小的一个方面，更重要的是对知识的理解以及结合实践的能力、沟通能力、思考能力以及实践动手能力。

在参加的大大小小几十次面试中，我深刻地感觉到，面试很难准备，但也是有章可循的。最简单的是，我们可以看网上的“面经”，提前了解可能会遇到的问题的类型以及一些面试官的偏好等，从而提前做好准备。好多人都会在面试前准备一个自我介绍，烂熟于心，当听到面试官说到“请简单介绍下你自己”的时候，就开始了或神采奕奕或平静淡然的背诵。然而更多的面试官更喜欢的不是千篇一律的背诵，这样不会给你多少加分，而是要针对不同的企业、不同的职位，最重要的是自己的特色来进行自我介绍。这简短的一两分钟内，不是完成任务，而是要展现自我，让面试官感觉你是适合这个职位，或者至少你有可能适合这个职位，会有兴趣进行下面的提问。我每次都会在面试前半小时内准备一个自我介绍，基本都是即兴的，但效果一般都不错，让面试官觉得不是像背课文。

在找实习和工作的过程中，最难的环节也是面试。因为存在很多不确定的、个人偏好的因素。可能面试官就喜欢你这种风格，那就很顺利，也可能面试官一早遇到了烦心事，那你可能比较悲剧。但至少我们可以把握好自己，从如下几个方面着手：

（1）面试前的资料查阅。包括企业文化、公司历史背景、经营业务、所申请职位的特点、所需知识和技能以及在网上所申企业的面经。

（2）对自己的剖析。自己的特点是什么？和所申请公司和职位的匹配程度如何？和其他竞争对手相比的优势在哪里？不足是什么？为什么会申请这个公司和这个职位？个人的职业规划是什么？

（3）着装及精神面貌。职业化的着装以及精神饱满的状态，会给你增添极大的自信，也会给面试官留下很好的印象。在面试时的语速不要太快，吐字要清晰，自信、淡然但不乏热情和活力。

（4）大量的练习。面试中经常会有小组面试，俗称“群殴”。不难发现，在群殴的过程中，有些人镇定自若，能担负起组织者的角色，说话很有逻辑、条理；有些人却显得有些慌张，吐字不清。有些时候不是能力的差别，而在于参加面试的次数以及是否进行了总结。多参加面试，无论是大学中社团的面试，还是找实习、找工作的面试，是发现不足、提高个人能力、广结挚友的大好途径。在一次次的面试中会发现自己的不足，学到别人的长处，何乐而不为?!

对此总结如下：充分的准备以及大量的练习是拿到 Offer 的坚实基础。如果不适合这份工作、这个企业，那也无悔。条条大路通罗马！

再说一下到底适合什么工作的问题。基于我实习和找工作的经验，贸大人凭借自己的积累和能力，以及我们英语好、交流能力强的传统强项，可以胜任很多性质的工作。我既能在宝马做内部咨询，能去 ADL（理特）做管理咨询，也能在中粮做国际贸易相关工作，还能在五矿做国际招标相关工作；拿到的 Offer 既有我们贸大的新传统“四大”之二——德勤和 KPMG，也有贸大的老传统企业中化（国际）、中国五矿集团，也有近几年贸大人日渐增多的快消企业——强生和欧莱雅。在这些 Offer 的背后以及各种性质企业的实习之后，我感觉工作基本都是相同的，对专业知识有要求，但不是不可逾越的鸿沟，企业更看重刚毕业的大学生的是学习能力、思考能力、表达和沟通能力、动手能力以及团队协作精神。在真正的工作中，最最重要的是工作的态度和工作时的状态！要饱满热情、积极主动，才能赢得别人的认可，才能获得个人的进步。真正的工作不会相差太远，即使是投行、咨询也是把 N 个人的工作交给一个人来做，要求的是工作效率，而不是惊人的智商。

所以，在找工作和实习时，不要否定自己，也不要过早地给自己的职业道路下定论，好多事情你没有尝试过，就不知道是否喜欢，是否适合自己。人生就是一次经历，多多尝试才能感受更多别样的风景。

超越自我　勇往直前

人物简介： 常国杨，男，2010届财务管理本科毕业生。年级大班长，率领班级5次荣获校级、院级优秀集体等荣誉。现就职于中国出国人员服务总公司。

没见过不包装就上架的商品，不管是教育超市，还是“八分钟”，包装精美的商品总是更能勾起人们的购买欲望。

毕业了，不管是研究生，还是本科生，都是即将出炉的产品，需要自我包装，包装好了卖个好价钱。谨以自身经历献给求职中的师弟师妹们。

如果你是9月份就开始找工作，那么你是幸福的，因为你能享受到原汁原味的“金九银十”，很多就业机会将在这时到来；如果你是考完研之后，下半学期才找工作，那么你是幸运的，因为我和你有相同的经历。考研之后，依然精彩。20天接5个Offer，最终选择了中国出国人员服务总公司，未来的中国医药卫生国际有限公司（简称国药国际——央企重组的结果）。

求职大可分为简历、面试和笔试几个模块，每个模块都需要知识，更需要能力、谋略和智慧。能成事者，有勇有谋；有知识，更需要投入谋略。

一、关于简历

简历对求职者都是必需的，简历是征服招聘人员的注意力、从成千上万应聘者中脱颖而出的第一关。哪怕是多赢得 1 秒钟的关注，也可能会彻底影响整个求职进程。

简历的制作需要梳理。或许一开始不知道自己都有些什么，简历上不知道该填些什么。所以，主动梳理你所干的一切，从头到尾，一项不落，都列个遍。大到学生会主席，某某社团的第一负责人；小到某个组织的干事，一次课堂作业的组长，一个不留地列出来。这些事情是优化简历的素材，也是展示知识和能力、性格和优势的最好证明。具体的简历格式有很多模板，可多找几份，结合自身的素材，综合大家的优点，为自己制作一份高水平的简历。

简历的包装和修饰是夺得优先的关键。简历，顾名思义，简单、扼要、贴切、中肯。不写废话，没用的字多一个都懒得往上填。做到言简意赅、干脆利索，没价值的字多一个都得删掉。多用动词，体现组织能力和领导能力的动词，通过这些动词的包装修饰自然流露出自己的能力和智慧。制作一份优秀的简历本身就是能力和智慧的体现，连简历都做不好，还能做好什么？保证写上去的每个字都是不可或缺的，更是不能被替代的，需要多次斟酌，几番修改，字字珠玑。

描绘经历，用词响亮有力，给人以值得信赖、担当责任的感觉。每项经历不超过 3 句话，每句话不宜过长，多用动词突出成果，体现对项目的改善和贡献。

忌讳自我评价，优秀的简历不需要自我评价。通过字里行间就能显示出你的优秀所在，体现出你不能被别人替代的威力。自我评价反而给人以自我吹嘘之嫌。自己想要评价的优点都是在学习经历、实践活动的包装过程中自然而然体现出来的。

简历的修改要因时因地而作。所谓的“海投”不是将一份简历一成不变地投给所有的公司，这样等于自我断送面试机会。针对不同岗位、不同企业文化、不同行业背景的企业，简历都要修改。保证每次投出去的简历都不相同。哪怕是一门专业课程的变更、一个动词的换用，都至关重要，也体现你包装自己的能力，体现你为找一份好工作应该付出的努力和责任。

如果简历需要附照片，最好是一张能体现最优秀最漂亮的你的照片，第一印象就让人爱不释手。

总之，简历在于包装，静下心来修饰。哪怕是花了一个星期甚至是十天半月来作出一份让人喜欢的简历，也是值得的。因为这份简历能帮你 PK 掉很多竞争者，也只有通过了简历关，后面的面试和 Offer 才有可能。

简历值得花真功夫去包装和斟酌。

二、关于面试

我经历过单面、群面、小组讨论以及大多数可能遇到的面试形式。2010 年 3 月 1 日去中国中纺集团面试，这是我一生的处女面，因为有考研经历，暑期没有面试和实习，第一次面试有点紧张是人之常情。面试结束，走出中纺大厦，我想，今天把所有家底都掏出来了，万一有“二面”还能说些什么？果不其然第二天收到了“二面”通知，后来成功应对，这需要去用心体会和琢磨。

面试中，如果有自我介绍环节，那么这将是拿到 Offer 的关键一环。众多应聘者轮流自我介绍，若能恰当展示自己的魅力，引起领导们的重视和兴趣，机会就向你招手。

我曾认真写过一份自我介绍，花了很长时间去背，用表计好时间背诵，但面试一紧张就忘词了。后来我总结了几个关键词，像书的目录一样，按逻辑体系将介绍的框架搭起来。场上只需记住几个关键词，每个关键词可以侃出一堆来。有了逻辑体系，可以动态应对不同面试官的要求，不会因为面试官的要求和自己准备的不一样而紧张怯场。根据不同的场合，选用不同的关键词，以满足不同企业不同岗位的需求。这样不仅思路清晰，而且让人觉得有条理，使人感到很牢靠。若能在自我介绍环节就赢得领导们的信任，Offer 舍我其谁？

商务礼仪，在求职过程中异常重要。懂礼仪的人和不懂礼仪的人，表现自然区分开来。别以为自己什么都懂，其实有些没意识到的问题恰恰是自己迟迟找不到工作的要害。与其宅在宿舍以游戏为乐趣，倒不如看看关于着装、座位、沟通等方面的商务礼仪。

面试期间可能会很忙，忙起来虽然很累，但总比闲人幸福。因为看到别人整天忙个不停，闲人可能会心发慌，找工作期间更是如此。但是，每忙完一次面试，都要做一次认真的总结。总结经验，优点继续发扬；反思欠缺，进而痛改前非。也许别人表现不佳，但他所暴露出来的缺点可能也是自己的软肋，应该警醒。正确认识自己，有时候别人的缺点可能正好就是自己的优势。一面一总结，总结才能成长。

养成良好的习惯，将使找工作的过程变得从容。良好的习惯包括接听电话的习惯、档案整理的习惯、言谈举止的习惯等等。

求职期间，手机最好 24 小时开机，最好别漏接任何一次电话，可能因为一次疏忽而漏接，面试的机会就和你无关了。关于档案管理，求职期间大家都会带一个公文包，这个包不仅用于装饰，更是携带档案的载体。有随身准备的备用简历、各类证书复印件、笔试必需的文具等。当面试官需要你提供额外的资料时，能从容地从事先准备好的公文包里取出资料，领导们看到你整整齐齐的文件，要什么有什么，自然赢得良好的印象。如果平时能把这些文件准备得井井有条，那么哪怕突然出现临时性的重要面试，也能从容应对。只要包一挎，走遍天下考场都不怕。

三、关于笔试

对于考公务员的同学来说，笔试是占优势的。笔试常常涉及到专业知识、行政职业能力测验、人品测试等。求职需要关注一下行测考试，图书馆有行测的书，翻阅几本足矣。关于专业知识，可以放心大胆地去做，理直气壮，有准备当然好，没准备也不怕，自己不会的试题别人也不见得会。记得在中材国际的笔试中拿到的是审计试题，我在大学从未修过审计，当时还以为面试官把试卷发错了，但还是努力把题答完了，只是不知做错了多少，最终还是拿到了面试通知，没学过，但也通过了。

在求职中需要动态应对的能力。很多事情大家都没见过，很多情况都可以变通。很多问题原本就没有答案，也不需要答案。只是要做一个简单的建模，梳理一下逻辑，体现职业判断。领导们要看到的是思考问题的角度和解决问题的思路。

有时候，笔试和面试会在一天完成。笔试四五套题，考五六个小时不成问题，面试再来三四个小时，完整的一天就搭在了一家公司。其实公司不仅在考察你的基本素质，还在考验你面临高压时解决问题的效果。相对于知识而言，公司更重视的是能力。大家都会说自己很能干，经历了这样的折磨之后就能体现得出到底有多能干。

有时候，面试节奏会很快，早上在东单，下午在海淀；今天在北京，明天就去了上海，这样的事情经常有，每周面个十家八家的。尤其是在面试了一堆企业之后还没 Offer，有些绝望，绝望归绝望，但别泄气，绝望之中会有惊喜。面对来得突然的 Offer，签约要慎重。有时候企业也会来点插曲，自己要有足够的筹码作为谈判的资本。继续找工作，万一企业来插曲时，自己还有其他 Offer 可以动用，不至陷于被动。

找工作就是在你临近绝望的时候偶尔来一点点惊喜。求职要慎重，找工作要从容。别因一时不顺而苦恼，也别为突然的 Offer 而倾倒。在求职过程中，多争取一些资源，淡定而从容。

四、关于学校资源

学校的品牌本身就是找好工作的坚强后盾。很多次在国展、农展等招聘会上听到其他学校的人说这样的话："我们最怕的就是你们外经贸的人……"足以证明 UIBE 在求职时的竞争力。

学校就业指导中心网站上的招聘信息应该给予万分重视，但凡出现在上面的就业信息，都是要从贸大捞走几个人的，至于花落谁家，就看自我表现了。

辅导员提供的就业信息也异常重要，对班长传达的信息要有足够的关注。班长辛辛苦苦给你发送短信，别爱理不理，不当一回事，到头来还说没人告诉你就业信息。

学校 BBS 以及其他各高校如北大、清华、人大等的就业指导网，也是就业信息的来源，关于应届生、中华英才网等的信息，亦应多关注。

五、超越自我，勇往直前

昨天的一切都是历史，作为贸大人，应该面向未来，超越自我，勇往直前。决定成败的因素在未来，而不在昨天的优秀或者失落。要想做得从容，许多东西需要学会去超越。

也许曾经有考试不及格，也许没组织过任何一次活动，也许没拿到哪怕一次奖学金……这些都不要紧，把今天做好，面向明天，朝阳依旧冉冉东升，世界因你而美好。

只要行动，就有希望，只要开始，永远不晚。

也许曾经众人瞩目，也许次次国奖不离手，也许曾经作为优秀学生领导……但如今却显得平淡无奇。这也没关系，企业看重的是能力，是金子总会有发光的舞台，优秀属于未来的你。真正的优秀，需要去沉淀，用工作业绩证明自己的卓越。

超越自我，超越昨天的一切；勇往直前，迎接明天的精彩。

相信自己　迎接挑战

人物简介： 苗雨，男，2009届国际金融专业硕士毕业生。参加编写《2009年中国并购报告》（中国金融出版社2009年5月版），研究生毕业后，进入中国中化集团工作。

金融危机的肆虐让2008年的冬天平添了几分寒冷。记得一位同学跟我说“找工作本身也是一份工作”，从2008年9月底投出自己的第一份简历到12月签约，中间的辛苦、彷徨、焦急和兴奋，依然历历在目。此时，写下自己的一点求职路上的感触，希望能给师弟师妹些许启发，也祝还在继续拼搏的同学们实现自己的目标。

一、准备

实力和机遇是成功的关键，剔除运气和偶然性的因素，看看身边能抓住机遇的同学，大都是一直以来持之以恒、积累实力的人。一台高性能的电脑，既要有一流的硬件作支撑，又要有好的系统和软件来运转，找工作我想也是如此。

硬件方面，大概可以归为几类：一是学习成绩，因为学习是学生的天职，虽然成绩不代表一切，但至少可在一定程度上反映出一个人的学习能力，更重要的是对待一件事的认真程度。我想这比分数本身更为面试官所看重。二是各种证书，例如托福、雅思等英语类证书和 CFA、CPA 等专业类证书，尤其是对想毕业后去非本专业领域发展的同学，专业证书应该是一个说明自己实力的很好证明。由于自己学金融专业又对英语十分喜欢，所以先后参加过 CFA 和雅思考试。结果本身固然重要，但考证过程中学到的知识和能力的提高同样关键。三是实习经历和社团活动，好的实习经历和丰富的社团经历同样是在竞争中胜出的重要因素。用人单位，尤其是外企，大多通过这些实践活动去判断一个人的沟通能力、协调能力、领导能力等这些专业外的基本素质。

软件方面，我想就是如何将你硬件上的能力以最佳的状态和形式展现出来，例如品质、自信、谈吐、气质，甚至是否守时这些小细节，都是很重要的。无论是刚开始的人力资源面试官的面试，还是后来的经理和领导面试，他们都是阅人无数的前辈。面对他们时，我想除了沟通技巧层面的素质，更重要的是展现你诚实和真诚的一面，过多的掩饰往往会适得其反，所以大学期间健全人格的塑造和踏实努力的习惯培养往往是成功的先决条件。方方面面的软实力很大程度上是通过人与人之间的沟通不断提高的，贸大丰富的校园活动为我们提供了这样的机会。但每个人的精力有限，关键要找准自己的爱好和不足，朝这个方向去努力，然后在学习、社团、实习等中间做好平衡，我相信每个人通过努力都会有所收获。

二、简历

简历的重要性不言而喻。记得面试一家投行时，对方说第一眼看到你的简历，光看格式和排版就有读下去的愿望，也算对自己努力的一点肯定吧。从内容、语言到字体、安排，甚至是打印出的效果，我都尽量做到不出一点差错，以至于连打印店里哪台机器的效果最好，都一清二楚。

内容方面，避免简单的罗列和千篇一律的语言，尤其是实习经历和校园活动，把自己的经历整理出清晰的思路和逻辑，然后用一种陈述性的语言把它浓缩和精炼出来。简单地说，就是时间、地点、事件和效果，语言尽量做到中性，不要夸大自己。除了描述内容，数字性的信息（例如累计翻译英文文献10万字等等）是非常关键的，也是最能吸引面试官的点之一。试想面试官每天面对成千上万的简历，分给每份的时间可能就是十几秒钟，如果简历中能有一些能让他快速作出判断的信息，而不是看了好久还是三纸无驴，肯定会有助于你通过筛选。

格式方面，首先，一定要将简历控制在两页，即中英文各一页。其次，国企和外企偏爱的简历格式是不同的，所以最好花时间准备两个不同的版本。有的同学往往实习经历和校园活动比较丰富，这时就要有所取舍，就像已经过了英语六级，就没必要再提四级一样，突出重点。过多类似而又没有实质内容的经历反而会让面试官觉得你是一个没有耐性、浮躁的人。最后，我觉得同学之间、舍友之间，这方面的经验和信息，大家应该多多交流，吸取别人的长处，不断完善，打造出一份完美的简历。

三、面试

通过简历和笔试的筛选，就是面试了，从最初的“群面”到后来的“单面”，无外乎事前的准备和现场压力下的发挥。进入11月招聘高峰期后，往往会出现“连续作战”的情况，记得自己曾在3天内经历了4家公司不同的面试和笔试，虽然辛苦，但坚持下来就是一种锻炼和提高。最近有师弟师妹问我应不应该去“四大”发展，这大概是大多数贸大的同学都考虑过的问题吧，我也发表一下自己的一点愚见。有人说“四大”很累，性价比不高；有人说它是一个很好的跳板。我想每个人的视角不同，但关键一点是你是否喜欢审计这份工作。对于热爱财务和会计的同学，“四大”作为世界上最顶尖的会计师事务所，它的平台和发展都是很有竞争力的。虽然存在信息不对称，但我们决定去一家企业工作要建立在对它的体制、业务、文化等尽可能了解的基础上，盲目的签或不签都是对自己和对方的不尊重。

退一步说，“四大”的招聘往往是每年最早的，而且它们的笔试、AC 和单面都是很有代表性的，所以我觉得有时间参加一下这个流程会是一个很好的锻炼和经验积累。“要认真对待每一次机会，只有把每一次机会都当做唯一的机会去准备和对待，不断积累总结，才能抓住 opportunity of life time。”虽然我在 12 月份就早早结束了求职的战斗，但其间大大小小的面试经历了很多，选出其中的中化集团、中粮集团、Capitaland、德意志银行和大家一起分享一下经验，希望会有帮助。

Capitaland 是新加坡主权基金淡马锡旗下的一家专注于地产投资的子公司，它在全球发行的数十个公募和私募基金实现了开发、持有、资本退出的完整产业链。基于一直以来对 Reits（房地产信托投资基金）的研究，对 Capitaland 和房地产金融多了一份向往和期待。10 月份在“应届生”上看到 Capitaland 的网申信息，同时还发现它在中财和清华的两场宣讲会。投了竞争最激烈的投资部管培后，就在想怎么让自己一直以来的积累转化为竞争力。最后决定将过去一年多来在这个领域的一些成果（如在导师梁老师 CCIM 项目中发表的文章、寒假和同学一起做的调研报告、暑假实习时部门老总写的推荐信等等）整理出来，带到宣讲会上。

记得那天下午参加完在北林的 PWC 笔试，就打车去了中财，宣讲会上见到了 Capitaland 中国区的人力资源总监和投资部的负责人。最后的 Q&A 环节，虽然自己是一个外校生，还是鼓起勇气问了两个专业问题，可能是之前的问题都是针对户口、待遇等，很惊讶投资部的总经理、一位儒雅的新加坡人，花了占整个环节三分之二的时间从各个角度回答了我的问题，以至于会后现场投递简历时，人力资源总监特意在我的简历上做了标记。随后我也递交了精心准备的材料，从对方的反应看，我知道至少我为自己争取到了进入下一轮的机会。之后，我又参加了他们在清华的第二场宣讲，会后同 Capitaland 另一位高管做了一些专业方面的交流，面试官见到我时，亲切地开玩笑说：“我们马上还要去复旦和交大做宣讲，要不要一块去？”

虽然由于种种原因我没有选择 Capitaland，但我还是非常感谢他们给我的机会，因为我的真诚和付出换来了对方的尊重和欣赏。后来终面时才知道，当初自己的笔式成绩其实并没有达到进入面试的要求，但由于他们认为我前期的准备以及提供的资料显示了我成为一名商业地产投资分析师的潜质，才破格让我进入了第二轮。

外企的招聘高潮过后，就是国企了。中化、中粮、五矿等大型央企，四大国有银行等等都是毕业生不错的发展平台，我选择中化集团，是出于对资产证券化这个方兴未艾的金融方向的追求，以及对中化“做人诚信、合作、善于学习；做事认真、创新、追求卓越”的企业文化的认同。春节后开始的实习使我深深喜欢上了中化的大家庭：完善严谨的管理体制，热情敬业的同事，丰富多彩的活动，所见、所感更加让我坚信自己的选择。国企的笔试题型，大多数是公务员考试的行政能力测验，中粮甚至连申论题目都有了，所以事先系统的行测训练还是很有必要的。面试中，最难把握的莫过于“群面”了，太过于强势往往会让人不舒服，过于沉闷又会没有闪光点。我的一点心得就是除非是面管理培训生，不要在意自己是不是领导者，最重要的是把面试的案例看好、看懂，找到自己的观点，在想好的时候适时地说出来，要在潜移默化中为整个团队做贡献，而不是将个人的表现欲放在第一位；其次，力争对时间和整个讨论的过程有一个全局性的把握，遇到不和谐的因素，不要过于纠缠在某一个细节上，要做到有理、有节、有度。

最后，德意志银行的经历作为我今年的最后一次面试，是带着些许体验和交朋友的心态去的。通过了简历和电话面试后，才得知自己是北京地区 18 个进入最后面试的候选人之一，虽然去外资银行不在自己的职业规划中，但 DB 每年声势浩大的宣讲会还是让我满怀好奇地参加了从上午 9 点到下午 6 点的超长 Workshop。DB 今年北京地区的招聘持续 3 天，每天 6 个人，一整天的面试下来会决定谁会拿到最终的 Offer。和我同去的有本校的一个师妹，剩下的分别来自清华、北大、北师大、中财。面试大概分上午、下午两部分，上午由 6 个面试官分别对我们 6 人进行单面，他们会有不同的侧重点，每个人持续大概 40 分钟，有点像真人秀《学徒》里的场景，一直持续到一点左右，还是挺辛苦的。记得从最后一个房间出来，有点脑筋打结的感觉。中午，6 个面试的部门经理会同大家一起吃了一顿丰盛的午餐；下午有三个环节：passion speech，case study，debate。整个过程中对英语口语的要求还是比较高的，还有就是要展现出对这份工作的渴望和热情，这点我想 DB 还是很看重的。把所有环节走完，出来时天已经黑了，值得一提的是，很高兴和其中的两个人后来成了不错的朋友。

四、后记

面对经济危机，面对压力，每个人都会有彷徨、不安，这时候往往就是考验一个人韧性和决心的时候，作为贸大的一员，每个人都有优秀的一面，都应该有追求自己梦想的勇气和信心。当面对选择时，不要过于看重短期的利益，关键是找到自己的兴趣所在，走好职场第一步。最后，把我所敬重的一位长辈、一位在金融行业耕耘二十多年的首席经济学家发给我的一段话写下来与大家共勉，也欢迎大家来邮件交流。

“I sincerely wish you the best in your search for job. Do not loose heart whatever the outcome. Take rejection as opportunity to reflect what did not work and what has worked. There are lessons to be learnt all the times. To those who find rejection as failure, inevitably they stop learning and begin to wallow and cast blame on all and sundry. Such person does not go far in life. If anything, rejection by another could be because they have not been able to fully appreciate your true worth. This could be your not being not able to present your best side to them. If true, work on this. Alternatively, rejection could be that there is another that is far more superior. If true, it means that there is great room to improve. It keeps one humble and humility is the beginning of wisdom. Other reason for rejection could be due to the other clinch the job due to connection. In this case, the loss is not yours but theirs. They have missed the opportunity to hire a good guy because of their distorted way of handling work opportunities. In any case, there is always the bright side to everything.

On choice of job, my counsel is to go for the one that you have serious interests in rather than where good money can be made. When you are interested in a particular line of work, you can be assured of 100% of your effort in what you do. You will do well, will be noticed and will be duly rewarded. I have not encountered any who enjoys his work complains that he is not well paid. In fact, they usually become the expert and as such become indispensable to the organization. They are rewarded well for their expertise. Of course, many chose on the basis of pay. These will also do well as the prime motivation in them is even higher pay. But, I have seen them burning out before long. There is no joy in the work, but only drudgery as they try to finish one task after another. "

早准备　多准备　畅行求职路

人物简介：卢恺，男，2014 届信息管理与信息系统专业本科毕业生，曾获全国大学生数学建模竞赛北京市一等奖，现就职于中国人民财产保险公司总部。

四年前的我，懵懂地来到这里，褪去青涩；一年前的我，奋斗在求职的路上，历经风雨；今天的我，努力后终于有所收获。感谢母校四年的培养以及小伙伴们相伴的友谊。现在，很荣幸能在这里跟大家分享一些求职路上的心得体会。

一、简历投递

大三下学期我就作出了就业的决定，并开始了实习。9 月底实习结束之后，我立刻踏上了找工作的路。从最初的什么都不懂，到渐入佳境，多了解、多思考十分重要。大部分大公司的秋季招聘都比较正规，分为网申、笔试、面试等流程。利用国庆假期的时间，我对自己的简历进行了修改完善，然后就开始了各大公司的网申。网申过程中，不同公司有所差别，部分外企需要使用全英文进行网申，有的还设有主观题需要回答。进行网申的平台，有的公司使用自己的系统，也有许多公司使用中华英才网、前程无忧等网站进行。当然，有的公司还会到学校进行宣讲，现场收取简历，这也是一个重要的申请途径。

不像有的大牛人物，投几个公司就能拿到几个 Offer，投递过程中，我一直奉行“不投白不投”的原则。对自己感兴趣的或富有声望的公司都进行了投递，算起来一共投了 100 多家。相信通过这样的广泛尝试，才能获得更多的机会。当然投简历的过程中一定要保质保量，才能提高通过率。

在简历筛选上，每个公司有不同的偏好，每个人有自己的特点，全部通过当然是不可能的。首先，不同类型公司对学校的偏好是不一样的。不同学校有不同的校友圈子，无形中形成了优势行业。例如明显可以发现金融类公司对于贸大学生通过率较高，而像通信、互联网等公司更偏好北邮等理工类学校。其次，不同公司对人的偏好是不一样的。例如国企可能更喜欢沉稳、严谨的人，而有的外企可能更喜欢开放、充满创新意识的人。根据行业和个人性格，对自己的优势领域进行鉴别，能更好地明确主要投递的方向。

二、笔试

网申完成后，各公司会对简历进行筛选，通过的将进入笔试环节。部分公司进行的是网测，而大部分大型企业会在某一高校设立考场进行集中考试。国企笔试内容以类似公务员考试的行政能力测验为主，部分会有作文方面的考察；外企有的使用全英文进行考试，不同企业有不同题型，一般考前需要进行一些了解，才能胸有成竹。行测的知识和技巧，一般还是靠平时的知识积累以及思维锻炼，其中很多都是中学语文与数学的知识，过去的底子加上适当的训练，决定了最后的通过率。得益于从事了一年多的家教兼职，我一直保持着思维的活跃，才使得笔试几乎全部通过。

另外速度也十分重要，很多企业测试题量较大，思考不够迅速，很可能答不完题；而有的题量实在过大，那就要适当进行舍弃，舍弃掉一些耗时较大的数理计算等，完成后边更多的题目。而英语方面，阅读理解等题型在外企笔试中屡见不鲜，平时的学习积累显得十分重要。

当然，还要注意的是，有的企业（尤其是外企）笔试并不是以答对题目计算分数，而是计算完成率、正确率或者错误倒扣分数，这种情况下做不出或者时间不够也不要乱蒙选项；所以考前一定要在网上多搜资料，明确考试规则，减少失利的可能。

三、面试

通过笔试后将进入面试环节，一般公司都会进行两轮面试。面试最主要的是个人综合素质的展现，个人素质是平时锻炼、积累产生的，面试时只需自然表达；而技巧只是辅助性的，只是便于更好地展示。面试前一定要对公司进行了解，不但要了解公司的历史、定位，还要浏览公司最近的新闻，这样才能在面试中自然展现，让人感觉你就像自己人，从而增加认同感。

几乎所有面试都有自我介绍环节，一定要简练而有逻辑，切勿长篇大论。当时我的个人介绍一般分为三部分：我喜欢，我能够，我愿意。我喜欢，就是结合着自己对公司、对工作的理解，表达出自己对公司、对这份工作的喜爱；我能够，就是阐述自己的优势，说明自己能够胜任这份工作；我愿意，就是表明一下决心，希望对方给自己一个机会，那么自己就愿意在这个岗位上发光发热。

企业的第一轮面试往往会是“群面”。群面也分两种：一种是小组讨论，就是给出一个话题，大家讨论形成一个共同观点，最后由一名代表阐述；考察的是沟通能力和协作能力。在讨论中，不一定要当领导者，也不一定要说得太多，但一定要说到重点，让面试官看到你清晰的思维。另一种群面，并不是严格意义的群面，只是一组人同时坐在面试官面前，面试官轮流或者随机发问。这种面试与“单面”类似，最大不同的是要照顾好整体的氛围。例如引述一段旁边应试者的话，这样可以显得自己注重倾听，显得不是个孤立的人，可以增加好感。

而在“二面”或者“终面”时，往往采用单面，单面是多个面试官共同面试一个人，所有人的注意力都集中在你身上，这会面临更大的压力，当然也是更好的展示自己的机会。每个人有不同的技巧，但总结起来只有一个原则，就是让对方信任你、喜欢你。充满自信，表达自然而富有逻辑，展现出自己的发光点，让对方对与你共事充满期待，还担心不被录用么？

当然，求职路上也会面临一些失败，而失败得到的经验，就是下一次成功的宝贵财富。最初，很难想象自己能够通过像建设银行总行这种级别公司的简历筛选，却没想到一路走下来，竟然走到终面。当终面签到时看到满眼的清华、北大硕士的时候，我知道自己拿下的概率渺茫了，但又充满鼓舞。作为一名本科生，能走到这里与众多大牛们同场竞技，也是对自己的一种肯定。就是有了这样一次经历，才让自己在接下来各种高层次面试中处变不惊。每个人都是这样成长起来的。

四、Offer 选择

我的求职道路总体来说还算顺利，收获了两家金融类公司总部、一家电子公司总部、一家石油公司等 Offer。在选择 Offer 的时候，主要看重了行业的发展前景。金融业正值飞速发展之际，而其中的保险业在中国发展还很不完善，与西方国家存在很大差距，但同时也说明蕴藏着巨大的发展潜力，现在进入正当其时。另外，最初看到 PICC 是在国贸实务课本上，从内心早就对其充满认可。当然，对于薪酬待遇、户口解决情况等现实问题，也是不得不考虑的重要因素。选择职业时，每人都会有自己的偏好，但一定要既考虑感性上的喜好，又要对一些硬性条件保持理性，综合作出最明智的选择。

五、总结

总结起来，整个求职季最重要的就是早做准备、多做准备。

早做准备指的是早早通过实践提高自己，让自己的简历拥有亮点，让能力得到锻炼；到了求职季的时候，不要拖沓，马上行动，不要错过秋冬季节企业招聘高峰期。没有人会提醒你，只有自己不断督促自己，让自己早早出发，一直在路上。当然，很多同学会选择考研，现实地说没有人能够保证百分之百的成功率；因为大部分大型企业只进行秋季招聘，春季招聘的企业从数量上和质量上都有明显下降，投入考研复习的同时，也完全可以花费少量时间，投递几家感兴趣的公司；一旦考研不够顺利，不至于完全错失最重要的求职机会。

多做准备指的是尝试的道路要多，不要把鸡蛋完全放在一个篮子里。比如我在广泛投递简历应聘各大公司的同时，还报考了国家公务员、北京市公务员；考研也报了名，报考的是相对不太占用时间复习的专硕（只考管理类联考综合和英语二）；另外，还通过了普通话等级考试，以便在前边几条道路遇阻时继续考取教师资格证，给自己开辟新的道路。

当然，这并不意味着要同时从事多个复杂艰巨的任务，所有的考试项目在时间上存在先后，并且知识点具有共同性。例如公务员的行测知识，在各大企业的笔试以及专硕考试的管理类联考综合科目中都有体现，他们不但不矛盾，而且可以相辅相成。参加众多企业笔试之后，让我的行测水平得到提高，在国家公务员考试中才能顺利通过笔试，入围面试。

多做准备的同时也要明确重点，集中精力。随着整个求职过程的进行，进入到一些企业终面等重要环节，这时候可以适当放弃一些其他公司的招聘，让自己集中精力，提高成功率，收获 Offer。在收获比较满意的 Offer 后，对于自己偏好上不如手上 Offer 的工作，就可以放弃参加接下来的环节了，把机会留给需要的人；如果已经进入到面试环节，最好礼貌地跟面试官说一声，方便他们安排其他人面试。在春季招聘开始前，我就顺利结束了自己的求职道路，没有参加后续企业的招聘环节、研究生考试及公务员面试。虽然这些自己做的多手准备没有用上，但整个求职过程中它们让我感到很安心。

以上是我求职路上的一些感想，尽管概括得不够全面，但是还是希望能对正在求职的毕业生们起到微薄作用。祝愿大家得到理想的工作，前途辉煌！

随心而动　随遇而安

人物简介：何娇，女，2013届金融硕士毕业生，曾获全国大学生数学建模竞赛二等奖，现就职于中国建设银行总行。

一、确定求职目标，随心而动

人们常说，谋定而后动，求职也是如此。在开始找工作之前，不妨先花些时间，认真地思考一下自己的职业规划，问问自己“我想要什么”。当然，目标的确定不是一成不变的，常常也需要根据实际情况“顺势而为”，因此，确定求职目标的意义在于能够做到心中有数，能够在求职季纷繁复杂的就业信息中分出轻重缓急，适当地舍弃，面对困难时不气馁。

我的本科和研究生专业都是金融，按常理来说，金融专业就业的可选项很多，券商、银行、企业财务、金融租赁公司、会计师事务所、人行、银监，甚至公务员报考中对金融专业有需求的单位，如国税、地税。面对那么多的选择，如果每个选项都去尝试，在精力有限的情况下，可能对于每个选项都只能浅尝辄止，求职效果并不理想，因此，求职目标需“量身定做”。从我的知识储备上看，金融市场不是我擅长的领域，也没有证券公司的实习经验，对金融市场方面的工作了解不多，而货币金融学、商业银行管理、财务管理是我相对擅长的。因此，从专业技能上看，我为自己确定了三个主要方向：商业银行、企业财务和人民银行。

在大多数人的一生中，工作占据了大部分时间和精力，而兴趣是最好的老师，如果能从事一份自己喜欢的工作无疑是非常幸运的。因此，求职目标的确定不仅要扬长避短，更要“从心所愿”。我在研一的时候非常幸运地获得了德勤管理咨询公司的一份实习，而公司客户恰好是某股份制商业银行总行的信息科技部。通过这份实习，我学到了许多有用的管理咨询方法论，养成了严谨、缜密的思维习惯，但更重要的是，我认识到任何一家商业银行都是一个庞大繁杂的系统，要管理好一家银行，既是一门技术，又是一门艺术，其中的知识可谓博大精深，而我对实习工作的热情更多地来自于对商业银行这个行业的热爱，想去学习和探究这其中的奥妙。因此，在求职季我将主要的精力放在了银行。

有人说，找工作这件事本身就是一件工作，因此，在这个过程中不仅要善于表现自己，更要善于学习和倾听。向老师和同学咨询并与其一起探讨是非常必要的。同样，与父母、亲人之间的交流也必不可少。“我是要继续留在一线城市还是回到家乡”、“我是要稳定的工作环境还是接受挑战型的工作”、“我是否要去考公务员”等等这些问题不妨和父母、亲人多交流沟通，彼此开诚布公地谈一谈。一方面，父母是我们的长辈，我们找什么样的工作不仅要符合自己的期望，也需要得到他们的支持；另一方面，父母比我们有更多的人生经验，他们是陪伴你成长的人，是最无私的人，也是最了解你的人，他们的建议我们应该考虑。

二、做最充分的准备，随遇而安

做最充分的准备不是投一张“万能”的简历、填无数相同的网申和参加一场又一场的“面试”，企业需要招聘的是“最适合的人”而非“最优秀的人”，因此无论是在招聘的哪一个环节，我们需要展示的不仅是“我有多优秀”，更是“我有多适合这份工作”。下面，我从自己的经验出发，和大家分享一些求职小技巧。

1. 网申

可以将自己的基本信息放在文本文档中，遇到相同的信息填写复制粘贴即可，这样省去编辑格式的麻烦。而在面对开放式问题时，随着网申次数的增多，可以积累很多不同问题的回答，进而根据申请的职位、企业风格等对这些素材稍做修改，提高网申效率。

2. 笔试

商业银行的笔试大多包含英语、行测和专业知识三部分。英语是贸大同学的强项，平时有空的时候可以用托业考试的单选和阅读多练练手，目的在于保持做题的速度，训练自己的专注度。行测可以用国考的教材学习和练习，多做题多总结，找到自己做题的节奏，提高熟练程度。专业知识方面，由于我需要准备人民银行的考试，因此大部分时间用在复习教材上，主要包括货币金融学、宏观经济学、国际金融、会计和财务管理。各家银行笔试对专业知识的难度要求不一样，有的覆盖面广而难度低，有的却考察核心知识点而难度较大，因此对于专业知识的复习更多的是靠平时的积累，建议早准备。

3. 团队协作

和小伙伴一起找工作的时光大概是研究生生涯中最难忘的回忆，一起参加宣讲会，一起吐槽行测，一起分享面试经验，一起畅想未来，最困难的时候有一群小伙伴在身边帮你解决问题，拿到 Offer 时大家彼此真心祝福，记忆中的求职季也因此变得温暖，大家就像是一起从战场上归来的战友，建立了信任和默契，我想这是求职季另一份难得的收获，感谢每一个小伙伴！

三、结语

我的求职目标本是回到成都，因此申请的职位几乎都是各大银行的四川分行。虽然在咨询公司实习的时候就特别向往总行，但是我也深深明白，万丈高楼平地起，没有丰富的基层经验是无法学好银行经营管理这一门丰富的学问的，所以我也愿意将自己对这个行业的热爱投注在每一个最基层、最琐碎的工作上。后来由于获得了学院的推荐，我幸运地成为了建设银行总行的一员，感谢学校给予我的机会，也感谢自己的不忘初心。求职季是我们踏入社会的第一步，它教会我们走出校门后很多事情不是简单的“只要……就……”的关系，因此不仅要有长时间的努力和积累，更要有成熟的心态，褪去浮躁，拥抱理想，随心而动，随遇而安，随波而不逐流。最后，祝学弟学妹们都能在求职季从心所愿！

求职季：认真准备　平常心对待

人物简介：许开亮，男，2013届金融学专业本科毕业生，2015届金融学硕士研究生。多次获得学校综合奖学金，国家励志奖学金；大二期间担任经贸志愿团外联部副部长；曾分别在西门子（中国）有限公司、德勤华永会计师事务所审计部、上海银行北京分行投资银行部实习。现就职于中国出口信用保险公司。

去年此时，还在为求职做最后的准备——牺牲回家时间在上海银行北京分行实习，而今已经工作落定，正式入职。想想也觉得错愕。人就是这样，忙忙碌碌恍恍惚惚，在飞转的时光里，后知后觉地体悟并不断成长。说起求职，作为“新晋”的过来人，倒是乐意分享自己的经历和感悟，不一定有大用，但力求真实。

先从毕业选择说起吧。从大一开始，我的毕业目标就很明晰——一定要读研，且是国内院校，然后再工作。读研的专业当然还得是金融，因为我喜欢。

至于出国，从未考虑。之所以能够很早就作出如此“狭隘”而笃定的选择，是充分考虑了自身家庭经济情况，相信大家都能明白，也就不多言。现在回头看来，考研过程的顺风顺水，原因归结为两点：首先，一个人若能有明晰而坚定的目标，在朝它奋斗的路上便会做到心无旁骛。因此在复习考研的日子里也并未觉得太苦太累，毕竟已经历过高考前的十年寒窗，再多一百多天的起早贪黑又何妨呢。其次，正是因为从大一开始就下定决心读研，在后来真正备考的时候，才会有破釜沉舟的勇气。从大一伊始，就一心要读研，所以在大四寒假之前除了一些社团活动之外，没有做过或找过任何实习，因此一旦本科毕业就立即求职，其实当时的我是没有任何竞争力的，这既是压力，更是动力。所以在没有退路时所表现出的勇气，虽不像绝地反击那样悲壮，倒也一样刻骨铭心。

在讲求职经历之前，先简单说一下我对实习的看法吧，毕竟实习对于每一个即将进入求职大军的学生尤其是贸大的学生来说可谓是必经之路，构成大学生活重要的一部分。以我的经历看来，实习单位不见得要特别“高大上”，相比响亮的公司名称，具体岗位和工作内容则更为实际和重要。其中的道理相信大家都明白，企业的面试官久经职场，当然不会思维简单到只看实习公司而不关心你的具体职责和实习收获，毕竟在几乎每一次求职面试时，你都会被问到：“请具体谈一谈你在××公司××项目里的职责、收获……”，而且面试官对于这种问题更愿意刨根问底，甚至要求你在具体回答之前先讲一讲“XX 项目”的前因后果。如果不巧碰到熟悉这方面业务的面试官，对于你写的那段实习，究竟是“深入其中认真参与”还是“挂职锻炼”，会被分分钟识别。说了这么多，对于实习，大家还是要抱以务实和学习的心态。至于要有多少份实习合适，我认为 2~4 份即可，理由也大致相同，走马观花当然不如脚踏实地。

我的求职经历太平常太普通，没有波澜壮阔更没有惊心动魄。刚开始的时候，和大多数人一样，抱着盲从的心态疯狂网申，到处海投。于是，过了“网申季”（企业的网申一般都是持续比较久，大多数的笔试面试会在网申关闭之后），很快就会有各种各样大大小小的笔试或夹杂着面试，在笔试面试最忙的日子里（应该是 11 月左右），每天都处于一种“疲于应付”的状态。所以在这里也想说一点体会，网申千万不要太多，要有所侧重，因为一来你能有时间对自己感兴趣的企业类型（或行业）进行深入了解和扎实准备，二来可以留一些时间空间用于了解自己。了解自己这句话虽然老生常谈，然而求职其实就是一个推销自己的过程，自己作为你本人不二之选的“产品经理”，必须要对自己有一个充分的认识和深入的了解。求职过程中必然会面临很多的选择，首先是网申的选择，这在前面说过，全面撒网在这里往往并不是最有效的，而有所侧重才能有的放矢。我虽然是金融学学了六年，但银行是我最不想去的地方，主要还是觉得自己的性格并不适合在银行工作。所以在网申及后续找工作的过程中，去掉银行这一块面就变得窄了很多（当然总行的岗位还是鼓励大家勇敢尝试，我也曾尝试未遂……），根据自己的性格和职业爱好，在其余的行业里挑来挑去，发现也就只有“四大”、非银行类国企、券商这些看起来比较靠谱。最终与自己有缘的是毕马威和中国信保。如今回头看，虽然在经过一番“筛选”之后，留给自己的选择空间并不大，但我想说的是，如果能掌握好这个“筛选”的度，对于贸大的学生，不要太担心 Offer 不来敲门。太多人广撒网的后果是签了自己并不喜欢的工作。后续的事情，就是终日在不喜欢的岗位上闷闷不乐，这种生活，想来痛苦不堪。

在面试技巧方面，自己确实不是这方面的强者（无论是“单面”还是“群面”），所以也没什么成功经验可供分享。不过倒是通过自身和周围同学的经历做了两点总结，呈现出来供大家参考：首先，那些思维活跃、反应敏捷、逻辑周密的人胜出的机会往往更大；其次，说话语气一定要谦虚温和，切忌咄咄逼人。

最后分享一下自己找工作的心得：万全的准备当然是必要的，但也要时刻保持一份顺其自然的心态。即将进入求职季的你们，将会面对太多的面试，而这是一个愈挫愈勇的故事，相信其中的大多数人，会挫折多于胜利。这本属正常，你们所需要的，正是一颗淡定平常的心。

企业求职之外企篇

求职经验分享之解惑篇

人物简介：梁琬铃，女，2013届会计专业本科毕业生，曾连续获得校级综合一等奖学金、综合二等奖学金和综合三等奖学金，多次荣获优秀学生荣誉称号，现就职于德勤华永会计师事务所。

大一时的我，背着大大的行李来到惠园，满怀着对未来的憧憬和一丝忐忑，像是心里藏着一只小兔子，扑通乱跳着，让我兴奋得想要大叫出来：我的激昂青春，我来啦！

四年后的如今，我已然离开母校，步入社会这个更大的学校。依旧充满着对未来的希望，但曾经的忐忑不安，已经在大学四年的历练中逐渐沉淀，成为自信成熟的源泉。

大学最后一个学期伊始，经历了层层笔试面试，我终于如愿以偿收到了德勤北京所的Offer。回想求职之行一路走来，很多挫折是我始料未及的，很多迷惑也是在摸索中一点点解开的。相信很多同学在求职过程中也将面临和我一样的挫折和迷惑，因此我将自己对一些常见问题的理解总结起来，希望能对后来人有所帮助。

一、工作？考研？出国？这是个问题

工作、考研还是出国，是所有大学生面对艰难选择，它就像一个三岔路口，每条路都延伸到远方，让人看不清猜不透它的走向，或许繁花似锦，也可能遍布荆棘。但是只有迈出这一步，才能全力向选定的目标奋进。这就要求我们在进入大学的那一刻，综合考虑多方因素，积极确定自己的方向。确定工作考研还是出国，不只关乎自己的兴趣，更涉及自身实力、就业趋势、家庭经济等多方面因素。鉴于会计对经验的看重远甚于学历，我一开始就坚定走向了“工作”的道路。

确定了“大政方针”，接下来就是培养求职必需的资质了。我采用的办法是大一的时候就草拟一份简历，提前留出实践活动、工作经验、兴趣爱好三个模块，并有计划地参加社团实践、实习工作，以丰富简历。

二、社团活动和社会实践越多越好?

大一大二，正是学业相对轻松的时候，立志求职的同学们可以在不影响学业的同时，积极开展社团工作，参加志愿服务，由此锻炼出的领导力和团队协作能力是很多企业所看重的。这儿就存在第二个困惑了：社团和实践活动既然是简历上如此重要的一块，是不是就越多越好呢？我们学校“百团大战”，社团活动丰富多彩，让人眼花缭乱，如何选择适合我的“有用”活动呢？

先举我的一位同学作为实例吧，他拥有极强的组织协调能力，活跃在各社团和兴趣团体里，但是过多的社团活动占用了他太多时间，加上自身的不重视，他的成绩受到了严重影响，甚至部分科目“低空飞过”。由于他的求职目标是国企，学习成绩甚至奖学金是极重要的一项指标，所以过多的社团活动给他的求职带来的，不是筹码，更多的是劣势。最终，他失缘于目标国企，虽然也获得了不错的外企 Offer，但每谈及此，他都深憾自己没有做到社团和学习间的平衡。可见，社团实践活动并不是越多越好，其与学习之间的平衡是关键。

此外，不同的工作性质对实践活动的类型有所偏好，这种偏好非常微妙，可结合对求职目标企业的文化的了解加以分析，例如国企更为看重学生会干部经验和竞赛获奖情况，而外企则更侧重于社会实践及团队协作能力。知己知彼，百战不殆，了解了目标企业“喜欢”具备什么品质的人才，对照自身实际，筛选能锻炼相关特质的社团实践活动，往往能达到事半功倍的效果。根据不同企业类型对人才素质要求的不同，学校组织了各类职场交流会、求职经验交流会等活动，我从中受益匪浅，建议大家充分利用学校资源。我偏好外企明朗的工作氛围，并对审计有浓厚兴趣，所以我的求职目标很清晰，就是四大会计师事务所。会计师事务所独特的项目团队工作模式，使得出色的团队协作能力和沟通技巧成为必备素质。鉴于此，我在全面的课外活动基础上重点突出了团队完成的志愿项目和独立承揽过的新闻采访、暑期实践等。这在面试中也的确吸引了面试官的注意，对此提了很多问题考验我的团队协作能力，提前做足准备的我自然就掌握了主导权。

三、实习经验的取舍

如同对于社团实践活动的认识误区一样，很多同学认为实习经验代表自己的工作能力，自然是越多越好。的确，好的实习经验，能充分显示你的潜力和学习能力，但实习经验也在精不在多。我的一个朋友，从大三上学期开始利用正常上课时间实习，在多家公司不同职位上都有过出色工作经历，实习经验可以说是非常丰富的，但简历上这一条条的实习经历并没有给他的求职增加多大筹码。究其原因，主要是因为他实习公司多名不见经传，且行业类型繁杂，职位散乱，缺乏针对性：电商企业的市场营销、进出口公司的财务、银行金融业务等不一而足。这使得多位面试官提出质疑：你做了这么多不同种类的实习，那你究竟是想要从事什么行业什么职位？显而易见，有时候五个一般的实习经验加起来比不上一个有亮点的实习。如果他的实习公司中有一两个知名企业，效果会好很多，即使工作性质和内容完全一样。

当然实习内容和你应聘的职位性质最好是有联系的，如果面试财务的你，简历上全是著名公司的销售经验，就颇有一番“牛头不对马嘴”的感觉了。也许你会说，我现在已经大三下学期，实习结束了，没有特别牛气的实习企业，怎么办？把与应聘职位最相关的实习经验放在最前面，并把你取得的相关成果列示出来，成为实习中的亮点。在找实习的过程中，一定要首先明确自己的未来求职目标，如果像我一样想要投身“四大”，就可以优先选择去会计师事务所实习，或者知名公司的财务部门，这不仅是简历上的闪光点，而且面试过程中你对该段实习的介绍，也能凸显你的学习能力和专业素养。

总结起来，实习经验并不是越多越好，有针对性、有亮点的实习才是求职利器。有针对性指要与应聘职位相关，有亮点则要求你实习的公司为知名企业，或你在实习中真正有所收获和成绩。应聘不同职位时，可适当调整简历上的实习内容，把最相关的经历放在前面。

我相信，一旦确定好自己的求职目标，根据求职偏好选择适当的社团实践活动，再加上几个有亮点的实习经历，简历的地基就完成了。有了这坚实的基础，辅以笔试面试中的沉着表现，你梦想的工作就在触手可及处。

说了这么多，无外乎是如何规划自己的求职之路，这些都是我及身边同学走过的弯路、吃过的亏，只希望你们在新的一轮激昂青春中，路走得更平更顺。更多的笔试面试攻略，网上笔经面经很多，我就不一一列明了。找准目标，坚定信念，脚踏实地一步步向前，纵然有千般艰难，万般磋磨，“乘风破浪会有时，直挂云帆济沧海”！

考研·求职·选择

人物简介：郑雪文，女，2015届会计学专业本科毕业生，在校期间加入过校记者团和大学生就业服务团。曾在德勤实习，现就职于德勤华永会计师事务所。

考研的人说考研苦，孤单寂寞，坐穿板凳，还很有可能无法控制地被挤下独木桥。找工作的人说找工作苦，过关斩将，漫长等待，一次次被虐得身心俱残。我的大四是在7月份的自习室里开始，在即将踏入职场的期待与不安中结束的。

一、关于考研

准备考研的日子，可以说是大学里难得的美好时光。我选择报考的是本校本专业的专业硕士，就是大家常说的MPACC，我在7月开始复习，也算是开始比较早的。在热情高涨的七八月份跟学硕研友同进同出，学习进度着实突飞猛进，所以从9月开学开始，就是一遍遍重复、做各种各样的真题和模拟题了。每天的生活很有规律，简单、充实而且完全不紧张，也很少在晚饭之后还回到自习室苦读。也许有妹子笑我：一点儿都不艰苦奋斗，难怪你考不上。但是，说实话，考研结果出来的时候，我真是大大地松了一口气：我不用再艰难，选择也不用再复习专业课了。同时，在那一瞬间，我得到了困扰我很久的问题的答案：我并没有我想象中那样想读研。虽然我的考研生涯就这样悄无声息地结束了，但是我还是习惯性地回顾试卷，做了考后分析，一点点前车之鉴，给想考研的朋友一个小提醒吧：我与分数线相差不多，差的地方在作文上。在综合考完的时候，我就知道最后的结果了，因为我大作文的字数不够。在复习的过程中我把写作放在了很靠后的部分，只有在开始做真题和模拟题的时候才会复习一下，也许是对自己的写作太自信，没有坚持完整地写出一篇作文，更多的时候是找思路列大纲。所以在考试的时候预计20分钟内完成的小作文用了35分钟，严重挤压了大作文的时间。不得不说“文章写万遍，下笔如有神”，高强度练习才会有手感和速度。

二、关于求职

说到求职，我在求职上花费的心思和精力确实很少。在复习考研的过程中零零散散地网申了六七家，我将它们分为三大类：“四大”、银行、其他国企和单位。

首先说“四大”，对于贸大的学生来说再熟悉不过了。要说“四大”求职，实习可谓是捷径。我在大三的寒假分别申了毕马威和德勤的实习。毕马威笔试过后再无音信，最后我在德勤度过了分外充实的两个月，感觉收获颇丰，在求职时较为便捷地拿到德勤的Offer也是顺其自然。

再说银行，在四大银行中我选择了工行和农行投递简历，选择的标准是网申相对比较简单。很幸运，这两家都接到了笔试通知，但是农行的笔试时间跟中国移动的笔试时间冲突了，经过权衡，我选择参加了中国移动的笔试。求职的主旋律真的是等待，等到我几乎已经忘了工行这回事，等到我已经签了德勤，我收到了工行北分的面试通知，而且我知道，这是成功几率很大的一次面试。我自己并没有犹豫太久就选择放弃工行，但是家里所有人都反对我的决定，至今都是。我想，我清楚自己想要什么，但是所有人都觉得我并不清楚在银行工作是怎样的情况，从户口、稳定性、工作强度等等各个方面替我分析，替我后悔。但是我不后悔，这就够了。

最后，我还申了中国移动、五矿集团这样的国企。五矿集团本就是抱着侥幸试试运气，石沉大海也是很正常的事情。中国移动的招聘活动安排得集中而紧凑，因为有很多从外地赶来的求职者，为了降低他们的求职成本，从笔试到最后一次面试在两周之内解决。能走到最后一步我很庆幸，但是也很失落，因为代价是服从调剂，调剂回家。我犹豫了很久，回家是不错的选择，工资高，生活安逸，但是有些不甘心。北京生活压力大，工作强度大，但是有人跟我说，只要在路上就有希望，回家，感觉一条我还没来得及走过的路就断了，我想走一走，试一试。所以我最后还是选择了德勤。

三、关于选择

我身边有很多人一心一意考研，背水一战，考完再考虑其他问题；也有很多人一心一意找工作，海投简历。对于我来说，在春节之前，无论是工作还是考研都算是有了一个结果，直到这时候我才明白我不是无法在工作和考研中选择一个，而是我选择了两者同时进行。因为我没有办法在没有后路的情况下安心考研，也不愿意不尝试考研。

我并不是一个喜欢学术研究的人，读研对于我来说的意义在于更高的学历和给自己更长的时间来做好工作前的准备。但是更长的准备时间里也要面对更多的风险：用人单位是更喜欢年轻的本科生还是偏爱高学历的研究生从来都没有定论，相关政策（例如户籍政策）经常变更，等等。虽然本科毕业就选择工作的人在毕业生中所占的比例在逐年下降，但是其绝对数量仍然是最多的，对于不偏好学术研究的人来说，早一点儿就业，积累工作经验也许更具有价值。

在考研的结果出来之后我发现我对于考研的执念仅仅来源于因为在学校多年不想离开的一种惯性和隐隐约约对自己不能控制的未来的一种本能的回避，顿时放松了很多，但是如果我没有考，这种执念可能成为一个遗憾。只有做了，才不会让自己在未来用后悔来填充对生活的不满。如果能准确地看清自己所追求的，还是早些坚定信念，专注地去做一件事更为享受。我父亲也说，如果早些坚定地求职，也会海投，也会收到很多不同的Offer，也就会有更多的选项供你选择。这确实是对的，也希望大家在找工作时不畏打击，不满足现状，尽可能多地选择不同的行业试一试，说不定，会有惊喜。

经验听再多也只是别人的经验，没有人可以复制别人的人生。而且，自己走出来的路更精彩，不是吗？

祝愿每位贸大学子前程似锦，勇敢选择，享受人生。

关于大学和求职的非典型性想法

人物简介：杨翰飞，男，2013 届金融学专业本科毕业生，2015 届金融学硕士研究生。在校时曾担任校广播站播音主持工作，被评为 2014 年度优秀学生记者。研究生期间在宝马汽车金融实习，现就职于宝马汽车金融（中国）有限公司。

在人才济济的贸大，我可能属于剑走偏锋的那一类，不算优秀的成绩也不算光鲜的简历。但是我觉得在贸大生活的六年，依然是我最美好的青春。换句话来说，如果再给我一次上大学的机会，我也会义无反顾地这么去过。

大三升大四的暑假，我才开始准备考研，暑假期间的准备强度不大，主要是养成每天都学一点的习惯，也就是做做数学题，背背英文单词。很多同学觉得大学浮躁的生活过习惯了，害怕自己静不下心来学习，其实我觉得并没有那么难。那个夏天一点点地让自己的生活开始和考研挂上钩，到了开学的时候，就开始规律地复习。印象中我大概每天早上八点多会到自习室，晚上学到九点多就回宿舍了。跟很多冲击“五道口”的同学比，强度并不大。这和你自己的目标和基础有关系，如果考试内容难度相对较大，那肯定就要付出相对更多的努力。

我在考研复习的日子里，每天都过得非常规律。我是一个喜欢制订计划的人，我把大计划拆分成小计划，小计划细化到每天的任务。每天醒来，就为了完成当天的任务而努力，完成了就有一种安心感。这样的生活持续了好几个月，非常踏实。我喜欢音乐，所以也会在中途放松和朋友去听弹唱会，去唱歌。我觉得这并不会在大方面影响复习。总体来说，要是很清楚地知道自己这段时间生活的主题就是复习考研，并且有计划地去做，就是成功。

考研结束以后，我觉得能考上的把握并不是很大，所以开始求职。那是我第一次投身到忙碌的求职季中。很多同学在大四上就已经决定好工作去向了，所以我年初的求职，多少有点孤军奋战的意味。一开始也是海投简历，就业指导中心的网站一定每天关注，这是学校提供给我们的资源，比自己在网站上找要靠谱。当然，除了这里，在智联、大街以及我们学校的 BBS 上的相关信息，我都会留意。我主要投的是商业银行和部分国企，职位以市场营销为主。经过一段时间的等待后，就是每天跑面试的日子。不同面试官对于一个人的评价其实差异很大，从我的理解来讲，企业选择的是你是不是适合他们，并不是你是不是优秀。所以同学们不要让自己的自信心受到打击。

面试也是一个让人很疲惫的过程，但是每一次面试，都要保持良好的精神面貌和清醒的头脑，面试官问什么，我们要听清楚，我们回答什么，也要想清楚。保持逻辑的清晰是面试官很看重的一点。保持清醒的头脑，有条不紊的谈吐，谦虚谨慎的态度，大多会给面试官留下良好的印象。

大概三四月份的时候，研究生录取的结果正式确定。和父母商量后，也从自身角度出发，最后选择了继续读研。非常幸运的是，研究生期间，我进入到了宝马汽车金融实习。实习期间，和同事关系不错，也得到了领导的认可，最后争取到了留下的名额。其实，在求职季的选择中，我也考虑了很多，也参加了多次面试，但是最后我还是选择留在宝马金融。首先，从公司环境来说，这的确是一个比较大的平台，也是一个让人积累经验学习进步的机会；其次，我在这里已经工作了一段时间，很多方面比较熟悉，同事相处也比较融洽，领导也有让我留下的意向；再次，从工作环境和工作压力上来说，这里可以给人比较舒适的工作状态。

其实在贸大，我真的算非常平凡和普通的一个学生。很多同学无论在工作上还是在学术追求上都比我要优秀很多，但是我想也一定有和我一样经历普通的同学。如果有这样的同学还在彷徨和沮丧，希望我能给你们一些启发。

1. 勇敢尝试。大学时代是人生中最美好的时代。我们逐渐褪去稚嫩，又炽烈地向上生长。这里充满了泪水欢笑，无论哪一天，都是和青春挂钩。所以在大学时代，去做你想做的事，无论它是可笑还是不切实际。有一天你会觉得，我以前做过那么多事，现在想起来，有点幼稚，有点笨拙，但是幸好我做过。去旅游，去看看外面的世界，去享受和自己相处的时间，和学会安排自己的生活；去恋爱，青春无悔，每一次的恋爱、痛苦和喜悦，都会让人成长太多；去和一个团队努力做好一件事，哪怕就是一次晚会，一次活动，一次比赛。我一直觉得，当所有人为了一个目标而努力的时候，你会突然理解到人与人之间的相处需要关心别人、帮助别人，因为你也无时无刻不需要别人的理解、关心和帮助。

2. 培养情商。在大学，包括在实习的岗位上，一定要学习培养自己的情商。什么话该说，什么话不该说，有的玩笑应该开，有的玩笑就不能开。不是你的真诚和直爽在任何地方都能受到大家的赏识。总之，保持谦虚谨慎的态度，是一个比较让大多数人接受的状态。

3. 做好规划。对自己要有规划和理解，自己想要什么，自己能够做到什么。在接下来的一年、三年的时间里，自己要努力达到什么样的状态。这不光是对自己进行职业规划，还包括自己的生活，在今后的人生中，会碰到很多很多的事情，远比明天的作业、下周的考试要琐碎复杂得多，所以做事情的时候要自己真正的想法。我自己的方法很笨拙但是也很适用，我都记下来，一件事一件事地记下来，这样做了什么、要做什么就变得很清楚。

4. 学习经验但不盲从。如果有可能，跟学长学姐聊聊天，和长辈谈谈心，你碰到的困难他们十之八九都经历过。但是要知道的是，他们永远不能代替你来做决定，你自己究竟怎么想，还是你自己知道。工作是对自己影响最大的，不能别人说哪里好你就往哪里钻。

5. 相信自己。始终要相信自己，很多事情你可能并不擅长，但不代表你不能做好。对未知我们总是有些恐惧，不过事情都能够得到解决。如果自己一直在努力，就一定会收获很多。可能你会觉得我现在成绩不突出、能力不拔尖，但是没关系，认真去做努力去做，都会成长为一个合格的人。

6. 怀揣梦想。梦想这个东西，说多了显得矫情。但是我总觉得，人得有一件自己从内心非常想要做的事情。这件事情，不能因为你工作了、你恋爱了、你结婚了，就不爱了。这件事情，可能不会马上得到做好、做完，但是你永远充满热忱，充满求知的渴望，也有乐在其中的趣味。那这件事情可能就能陪伴你打败工作的高压、失恋的阴霾、社会的冷漠。

给学弟学妹分享经验这种事我不太擅长，其实我就是比你们先长大几年，这些事都是我长大的过程中所经历的。人和人的想法差得太多了，你可能觉得我说的对，也可能觉得我说的没有道理。这都没有关系。我一直觉得，讲大道理劝别人少走弯路这种事可能意义就在于表达自己的关心罢了，因为人生就是要走走弯路才能明白，在大道理的庇护下顺利地长大，也是一种遗憾。所以，作为一个学长，我在贸大生活的这几年和出来工作的短短时间内，我就是这么想的，我说给你听，那你呢？

求职——Just do it!

人物简介： 董秋洋，女，2013 届电子商务专业本科毕业生，曾任信息学院学生会优秀副部长，获“三创杯”电子商务大赛北京市一等奖，现就职于 IBM。

2009 年的秋天，我开始了大学第四年的生活。对我而言，大四是充满压力与挑战的一年。

大四开始的时候，周围每个同学都有了自己的目标——考研、工作或出国等。我在经过一个暑假的思考后，认为自己更愿意在社会中历练自己，因此，我选择了加入找工作大军。

在这里我想谈谈我感受最深的几方面。

一、要有能吃苦的毅力

与其说找工作是个脑力活，我认为不如说它是个体力活，每天泡论坛，找信息，和同样找工作的同学探讨交流，准备一次次的笔试，为了面试要在北风凛冽的日子从北城跑到南城再奔回北城，要一大早出门天黑了才能回寝室，要是上下午都有面试，距离又很远，那中午只能在地铁里吃面包，再喝点矿泉水。

这段日子是艰苦的，但现在回忆起来也是充满收获的，只要坚持住，每个人一定都能收获属于自己的果实。有一句话说得很好，成功的人只是比别人多坚持了一步。我并不是一个在找工作方面多么成功的人，直到5月中旬才确定签约单位，但是我想说，在漫漫求职路中，无论遇到多大艰难险阻，都给自己一个信念，再多坚持一分钟，多努力一些，多往前迈一步，必定能梦想成真。

二、要广泛获取信息

从投简历、笔试到一次次的面试，我每天的生活几乎都围绕着就业指导中心、应届生、51job等网站，泡在各个论坛里，边申请所有适合的职位，边制作针对不同种类工作的简历。

闲暇时间，我会和老师谈谈当下找工作的感受，向他咨询可能的机会，请教关于企业的问题，并且与周围同样找工作的同学交流心得。我觉得周围的同学不是自己的竞争对手，而是战友。事实也证明，最终周围一起奋斗的同学都找到了很满意的工作。

三、在实践中不断成长

如果说看笔经、面经是纸上谈兵，那么在面试中磨砺自己就是在实践中成长。一次次面对不同的公司、不同类型的面试官，也让我对自己有了更深刻的认识，对一些问题有了新的理解。有时候面试官提的问题乍一听很古怪，但过后仔细想一想，就会明白问题背后面试官或者说是公司的招聘要求，这比那些明显写在招聘宣传上的条件更重要，更能决定自己本次面试的成败。有经验的面试官很容易看出一个人的弱点，很可能会针对弱点提问，以验证或重新定位自己对应试者的判断，我仔细思考那些让自己很心虚的问题，收获更多，即使一时无法弥补自己的不足，至少得到了一个在下次面试之前想好用怎样的表达方式陈述这一弱点的机会。

四、Just do it——努力去做，不怕失败

回顾整个求职路，我有过很多失败，但是我更把它当做是笔财富，与成功相比，失败更能让我成长。在沮丧之后，我会仔细思考，如这次失败的原因、我与别人比还有哪些进步的空间等等。失败是为了下一次成功积聚更多的能量。所以一定要认真对待每一次尝试，同时更加珍惜失败的经历，因为正视失败就是向成功迈进了一步，为真正期待的机会不断积攒能量。

五、学会创造机会、把握机会

在真正知道自己想要什么的时候，就努力去做努力去争取，勇者懂得创造机会，智者懂得把握机会。在求职路上，不仅要把握住机会，还要学会创造机会。人们说机会总是给有准备的人，我认为是因为我们具备了某种能力，或者已经掌握了某方面的知识，才能够得到机会，才有可能去把握机会，所以，在寻找机会时，要努力学习知识，提高自己的能力，得到机会的可能性才会提高。

六、珍惜自己得到的东西

不管是一次笔试面试的机会，还是一份 Offer，一定要珍惜，并认真对待，笔试面试帮助我对自己思考，促使我从对未来的茫然到渐渐坚定，从准备步入社会时的浮躁转到愿意踏实付出，理解了没有付出就没有资格要求回报，了解了某项工作在社会中的角色和自己在选择工作上的定位。

作为一名职场新人，我也有一些自己的感受，想与大家分享：

1. 作为新人，我们没有经验，缺乏业务知识，也没有人际关系，唯有积极谦逊的态度，踏实的作风，自信快乐的心理状态，才能让我们在融入工作环境时渐渐得到认可与信任，所以对于一个需要解决的问题，不管是会或是不会，都要表现出积极解决问题的态度。

2. 大学学习在工作中没有太具体用处，但是本科四年学校的培养一定会对我们为人处世及逻辑思维有潜移默化的熏陶，所以一定要通过具体的学习、做具体的事情来提高自己的综合能力。

3. 常怀感恩之心。虽然放在最后一条，但这是最重要的。发自内心地感谢所有直接和间接帮助过自己、促进自己成长的人和事，能为自己和他人带来幸福，久而久之，路就会越走越宽，越走越平坦。能得到现在这份工作，我对帮助过我的老师和同学，以及面试、招聘的领导，工作中帮助我的同事们，都非常感激。

以上这些就是我在求职和新入职这段时间的一点思考，希望能对正处在求职过程中的同学们有帮助，但是每个人的情况都不一样，最重要的还是了解自己，找到自己适合的方法，成功的路自然在脚下。

充实自我　青春掷地有声

人物简介：张博文，男，2012届工商管理专业本科毕业生，曾获得北京市优秀青年骨干、校级优秀毕业生、校优秀基层团干部等荣誉称号，现就职于壳牌（中国）有限公司。

有人曾说过，大学是一个既可以让人变得优秀，又容易让人堕落的地方。不难理解，宽松的生活环境和自主的学习氛围的确充分考验着人的自律能力。而在这人生中最值得珍惜的青春岁月里，每个人都应该想一想如何才能让这段青春岁月掷地有声。

大学是一个学术的殿堂，所以要想尽一切办法学到老师课上讲的和自己不知道的知识。回想四年的大学生活，老师在课上讲的和自己在图书馆看到的，都不同程度地在之后的求职和现在的工作过程中有所应用。然而也的确不能缺少实践的锻炼，积极参加学生活动，充实自己的生活才能不断开阔眼界，为毕业后走出校门踏上社会奠定雄厚的基础。刚上大一时，我同时在商学院学生会、会计协会和证券期货协会担任干事。学生会新闻中心这一年的锻炼，让我的“笔杆子”有了很大的长进，还初步对新闻媒体的运作方式有了一定的了解；在会计协会工作的一年里，让我知道了掌握一门专业对一个人未来发展的重要性，同时会计协会经常承办或参加全国性的会计类比赛，让我有机会与社会、企业和其他高校的人有了接触，大大锻炼了我的沟通与协调能力；而在证券期货协会工作的经历则让我深刻体会到了一个组织要想发展壮大是需要良好的制度和先进的管理理念的。到了大二，我便选择留在商学院学生会的新闻中心做部长，这一年的经历教我最多的是要学会与不同的人合作和管理好你的团队，与此同时，责任的真正含义也深深地印在了心里。大三这一年，汗水与泪水相伴，痛苦与幸福共存。学生会主席的职务让我有机会真正把学到的商科知识初步运用到实际中去，并深刻地懂得了“使命”二字的重量。

临近毕业，回想四年的生活，我可以自豪地说，我大学的青春掷地有声。

一、认清自我，远离“理所当然”

从来到贸大的那一刻起，我们几乎每个人的头上都会被“理所当然”地戴上各种光环。录取分数线高，让我们带上了“生源质量高”的光环；贸大就业率高，让我们带上了“毕业不愁找工作”的光环；对外经济贸易大学的“对外”，让我们带上了“英语超级好”的光环……这些光环让我们在提起这几点的时候也是倍感自豪，然而最重要的问题是这些光环真的在我们自己头上吗？其实，生活中有许多需要我们问一下自己这个问题的时候。而是否应该坚信自己能够具备那些“理所当然”的光环，取决于我们自己能否付出足够的努力，能否变得出类拔萃、卓尔不群。

“生源质量高”的光环就需要我们用实际的学习能力和刻苦钻研来完成我们大学的课程，掌握应该掌握的理论知识，同时也需要我们不能只做“学霸”，在大学这个神圣的地方，不仅要学习最先进的科学理论知识，更要学会如何做人和处事。而如果我们沉浸在这个光环下却不去付出真正的努力，那么这个光环迟早会成为我们未来发展最大的瓶颈，因为我们总是觉得自己学到了该学到的东西，但到真正需要应用的时候却只能空叹大学时光飞逝。“就业率高”这个光环，更是一个特别吸引人的名号。贸大人几乎每年都能够听到贸大的就业状况多么的喜人，贸大的学子在毕业后都能够找到一个理想的归宿。但我们更应该看到这喜人数字后每一届贸大人的坚持和努力，我们要从自己做起，认清自我，给自己定下未来的职业发展目标并为之奋斗和付出，这样才能在高就业率的同时有更好的就业质量。

总而言之，不要被生活中各种“理所当然”的光环所迷惑，要认清自我，把光环作为自己努力的阶段性目标，并不断为之努力，才能够出类拔萃。

二、挑战自我，体验能源之道

大二结束的暑假我有幸作为调研员参与了由校领导牵头的山东胜利油田的科研项目。在胜利油田工作的两周里，我对能源行业产生了深深的兴趣，也与能源之路结下了不解之缘。大三伊始，经过投递简历和面试，进入壳牌人力资源部开始了实习生涯。在实习岗位上的实战工作让我深深地意识到理论与实际的差距，壳牌培养人的理念也让我感触颇深。在壳牌实习的日子里，身边的同事都会主动教导我，让我在实习两个月的时候便有能力独立完成一些比较基础的工作，壳牌的工作氛围和人文环境让我最终作出了争取留下来工作的决定。

提出毕业之后要留在公司继续工作后，便陆续经过了网申、电话面试、小组讨论和壳牌招聘日一系列应聘环节，并于上大四前的一个月正式拿到了壳牌的录取函。拿到壳牌工作机会以后我并没有再主动继续寻找工作机会，因为我知道壳牌这个良好的平台值得我珍惜和成长，懂得知足才会更加快乐地生活，而让我如此踏实的原因还在于壳牌的文化和价值观是我所崇尚和追求的。

找工作其实可以理解为找一个舒服的地方把自己托付给它，所以公司的文化和价值观以及工作氛围是否与自己相符合十分重要，正是因为我个人十分赞赏壳牌的企业文化和人文环境，才决定毕业后加入到这个温馨的家庭里。对于职业的选择，我十分赞赏一位老师曾经的说法，不管做什么，只要你觉得每天上班不会厌烦就可以了，因为能够开心地工作是一件可以骄傲一辈子的事情。

选择真正适合自己的职业很重要，绝对不能人云亦云，随波逐流。

我选择的道路，我会坚持走下去，因为无论道路上有何千难险阻，我都会笑而处之，并坚信只要努力并坚持自己的信念就会拥有属于我自己的成功。

大学的四年飞速流逝，贸大的文化和贸大人的烙印会伴随我一生，感激母校的培养，感激恩师的教诲，更加感激掷地有声无怨无悔的青春。

写给后来人

人物简介：时雨，女，2013届金融学硕士毕业生，多次获得国家奖学金、全国研究生数学建模竞赛三等奖，被评为北京市优秀学生、北京市优秀毕业生。现就职于花旗银行（中国）股份有限公司。

在贸大这个精致的校园里，整整待了7年，最好的青春年华都是在贸大度过的。再回首，收获了很多，也有诸多遗憾。很高兴能在这里和学弟学妹们分享自己的心得，希望能对大家有所启发。

一、关于工作、读研、出国

之所以把工作、读研和出国写在前面，是因为这是大学结束的三种必然选择，从某种意义上说，结果，这是最重要的，也是大家学习和奋斗的目标。所以我先从结果说起，大部分同学读书还是为了能找份理想的工作，选择读研和出国的大部分同学最终也是为了找到理想的工作。所以先谈工作。

首先就大多数同学向往的投行、资产管理、信托或企业的投资岗位来说，一纸过硬文凭、优秀的学习成绩和深厚的实习经历缺一不可。所谓过硬文凭，国内外知名大学金融投资类专业的研究生学历是普遍要求，并且国外知名大学更占优势。这意味着有志于此的本科同学要以出国读研或者在国内知名大学继续深造为目标，并且要选择金融、统计、金融工程、会计、法律类专业深造。本科是计算机等理科、工科专业的同学，可以选择申请行业研究、风险管理、量化投资等岗位，也相当有竞争力。投行、资产管理等工作专业性要求较高，一般要求有良好的金融、财务、法律基础，在这些核心课程上，优秀的学习成绩自然必不可少。可以证明自身优秀专业能力和学习成绩的，除了一纸成绩单，更有力的是专业证书。如投资领域含金量最高的 CFA（特许金融分析师）、财务领域的 CPA（注册会计师）、精算领域的 SOA（北美精算师）、风险管理领域的 FRM（金融风险分析师）和法律领域的国家司法考试。除此两者之外，投行、资产管理类工作对实习经历也非常看重。其实，大部分企业都非常看重学生的实习经历，有一份业内知名企业的实习，往往对找工作能起到事半功倍的作用，金融机构更是如此。所以，在学习和深造之余，还要利用寒暑假的时间来寻找实习的机会。一份过硬文凭，几份专业证书，再加上顶尖的实习，几乎成为国内外投行、资产管理领域工作的标配，也是新人入门的敲门砖，缺一都很难。

但进入投行、资管的同学毕竟是少数，大多数同学会选择中外资商业银行、快消行业、国有企事业单位、四大会计师事务所等作为自己的就业方向。这些工作对于学历、专业、成绩要求不是特别高，然而更加注重学生的组织、领导、协调、策划等各方面综合能力。比如宝洁、雀巢等快消类企业的市场营销、商业银行的客户经理、政府机关及企事业单位的职能管理等。有志于从事这类工作的同学，必须要通过校园生活和校内外活动来培养和锻炼自身的综合能力。如积极参加学校的各类学生组织，在学生工作中不断锻炼和提高自己。学生会、团委、各类社团协会等组织都给同学们提供了施展才华、锻炼自身各方面能力的平台。大一、大二的低年级同学可以多参加此类活动。高年级的同学除了在校内活动之外，需要更多关注校外企业的实习机会，通过相关行业的实习，实实在在感受未来希望从事行业的运作和工作的推进，通过参与企业的实际工作来真正锻炼自己的能力和展现自身的综合实力。当然，实习贵在质量，三个货真价实的实习就完全可以使简历、面试环节内容充实丰盈，而且实习的相关性也很重要，有志向从事某一行业的同学就尽量寻找类似的实习，起码定位在中资或者是外资，毕竟两者面试以及实际工作时的风格会有较大差别。实在没有把握确定未来求职方向的同学，起码要保证足够长的实习时间，在简历和面试时都要将实习的内容描述得翔实、通透。需要说明的是，实习是找工作的敲门砖和快捷通道，很多企业在职位空缺时偏向留用实习生来工作，并且相对来说，找实习比找工作的竞争激烈程度稍低，所以同学们需要多抓住实习的机会，不断提高实习的企业层次，最终找到理想的企业并通过实习来展现自己的能力。

对于本科生来说，在工作、读研、出国的三种选择中，工作可能不是第一选择。在如今满大街的硕博士年代，本科生的就业竞争力实在太弱，可能很难找到自己满意的工作，毕竟在有限的四年时间里，本科生很难取得研究生 6~7 年的就业竞争力，尤其在对于学生专业技术要求较高的工作领域。因此，对自己要求更高的的同学本科阶段可能需要把更多的精力放到学习当中（尤其是到了高年级阶段），为将来无论是读研还是出国打好基础。关于出国，其他已经出国的学长学姐已有详细叙述，这里有一点小提示，不具备出国留学条件的同学可以积极申请一些校内的交换项目，通过交换，一方面能够亲身体验国外生活是否适合自己，另一方面能够切实提高自身的外语水平，我就曾在本科和研究生阶段分别参加了澳大利亚和美国的交换项目，交换项目作为一种扩展视野的方式性价比较高，在外资企业应聘中也较有优势

关于读研，争取更高一级的外校推研当然是第一选择，有志于保研的同学更是要从大一开始就要将自己的学习成绩保持在高水平，积极参加竞赛活动和校园活动，提高自身的研究能力和综合素质，在大三暑假时积极参与各校组织的夏令营活动，争取在其中脱颖而出，直接获得保研名额。应当注意很多知名学校在夏令营后就不再接受保研申请，而直接中从夏令营参加者中选拔候选者，大三下学期积极备战夏令营是最佳选择。

二、关于校园生活

如果以上述结果为导向，校园生活规划自然一目了然。所以，对刚入校门

的同学来说，从开始就要一直问自己，自己喜欢什么，将来想做什么。有了明确的方向，自然会少走弯路。想出国的同学，首先当然需要学好外语，TOEFL、IELTS、GRE、GMAT各项外语考试都要有针对性做好准备并力争取得好成绩。外语之外，还须尽早确定出国目标院校和目标专业，学好专业课，参加各项校园和企业活动，最终呈现一份完美的申请材料。想读研的同学也应先确定是考研还是保研、目标院校和目标专业等等，并扎实学习数学、外语、目标专业课等，为考研打下良好的基础。对于想工作的同学，也要根据目标工作的特点和要求，确定自己校园生活的方向和重点。学习、考证、社团活动、实习等等，要根据目标和方向在不同阶段有所侧重。

最后需要强调的是，青春总是充满迷茫和不确定性，没有人一开始就对人生和未来想得一清二楚，总是在不断地努力、迷茫和思考后才有个大概的方向。上述的结果导向型校园生活规划痕迹太过明显而未免不切实际。人生总是丰富多彩的，校园生活亦是如此，相比结果，过程也许更有意义。只要不虚度每一天，做自己喜欢的事，就算暂时看不到实际用处，在不远的将来，也总有收获。比如自己喜爱的文体活动或者是特长，经常成为用人单位在个人基础条件之外看重的个人特质，这些特质在有时也会让你击败比你硬件更加突出的竞争者。毕竟芸芸众生，有自己的特色才能立足。同时，广泛阅读，关心时事，博闻强识，切实提高自身的综合素质，才是在人才市场长盛不衰的杀手锏。

关于求职的那些事

人物简介：彭菲莹，女，2012届金融学专业硕士毕业生，现就职于汇丰银行工商金融部。

我的工作是在2012年初决定的，整个过程持续了差不多半年。当我开始回顾这一路有什么经验和教训时，我发现大部分不过都是些老生常谈，但我还是很愿意再谈一遍，尽管很多东西总是要自己亲身经历过才会印在脑子里。如果有一天你也迷茫不知道该怎么办时，想到有人曾经和你一样，也许就不会那么害怕。

一、关于学业与实习

很多人在进入研究生阶段以后，会面临学业和实习之间的抉择。我的建议是缺什么补什么，并且一定不要短视。如果你的学术基础很薄弱，比如货币银行、国际金融、证券投资这三个领域的一些基本概念你都不是很清楚，在看到一条经经济新闻例如央行降息时，你的大脑不能迅速反应出它所造成的影响以及影响机制的话，那么你还是需要踏踏实实花时间来打好基础。但如果你已经具备很好的学术基础，研究生的课程其实也不会对你造成很大的负担，这时就可以花比较多的精力在实习上或者跟随导师踏踏实实做一些项目。

在找工作的时候怎么体现研究生和本科生的区别呢？其实往往就体现在你的科研成果以及你谈论一个问题时所能达到的深度上。如果你的实习让你感觉没什么提升的话，你也许就要考虑值不值得了。

从长远来看，深厚的学术基础绝对是有好处的，不要浪费在学校里宝贵的时间和学习机会以及老师毫无保留的教授，这些在工作以后都很难再拥有。当然，自学的能力也非常重要，这需要自己有意识地去培养，实习就是一个很好的机会，没有人会再像老师那样对待你，你需要学会自己去寻找学习机会，学会和不同的人合作。

找工作是一场有准备的仗，由于只有两年时间，也许从入学开始就需要开始考虑。一开始可以考虑得简单一些，大概想想自己在哪些方面还需要加强，然后有意识地在第一年尽量去弥补。最好的总结方法就是开始制作简历，在这个过程中你会发现自己的优势与弱势，留下的空白也有机会填补。

关于简历的具体内容，求职论坛上已经有很多很好的总结。我的建议就是越早开始做越好，并且每隔一两个月就去更新总结。这样到真正开始找工作时你会发现自己已经准备得很好，对于自己的优势弱势、自己的偏好、企业的需求都会有一定认识。

网申有的时候会是一个体力活，在求职季开始之前，就应该明确自己比较偏好的企业，及时关注，以免延误。每一个网申完成时都要做记录以及相应的用户名密码等等，这样比较有效率，也可以对自己的进程有比较直观的认识。

外企的网申对于之后的一些网申和面试都会很有帮助，即使你对外企不感兴趣，也应该认真完成这些网申。它能够帮助你回顾你过去的经历，并且用比较流畅清晰的方式表达出来。这些在之后的面试中都有可能用到，不仅要认真完成，还要记得备份以作为面试准备之用。

二、关于笔试

笔试的内容各不相同，基本外企属于一类，在论坛上都能找到相关练习，难度不是很大。中资企业的笔试则各不相同，但有相当一部分都会涉及到公务员考试中的行测部分，可以适当准备一下。至于其他内容则和这个企业的性质有关，并且不乏专业知识，因此打好学术基础很重要。

三、关于面试

到了面试阶段，一开始常常会有懵掉的感觉，自己还没进入状态就已经结束了，这其实是准备不足的结果。只要去面试都应该做好充足的准备，既利于通过面试也能有所提高。疯狂赶场有时会让你变得麻木，不再兴奋，这其实是不太有利的。因此虽然机会都很宝贵，但还是应该作出必要的放弃，让自己在面对心仪的企业时能保持良好的状态。

四、关于选择

选择，是一个很大的命题，伴随一生，这里作出的选择只是很小的一部分，但也是很重要的一部分。这里我只想说一定要自己去选择，不要让别人代替你，不管是父母还是朋友。你可以采纳他们的意见，但一定要知道为什么。只有自己选择才没有推卸责任的借口，也才不会觉得遗憾。

最后还是想强调几点：一是积累和坚持，每天练习几分钟的英语，读几篇有深度的财经文章，写一些简短的思考和感想，几个月之后也许就会有所不同。二是同学情意，也许到了研究生阶段大家不会再像以前那样有很多的机会在一起，但这样就更应该珍惜，互相学习，互相帮助，这种关系也许会持续一辈子。三是远视，这或许是找工作的过程中常常需要记起的一点，遇到任何问题、挫折、迷茫，都可以把它放到人生中一个比较宏观的维度来看，取得成就也是同样，这样你或许会比较容易释然，也比较容易知道自己想要什么，不要只在乎今天或者这几个月，只要活着就不是世界末日。

求职埃森哲

人物简介：江贵松，男，2011届产业经济学专业硕士毕业生，现就职于埃森哲。

读研期间我一直在各公司实习，所以真正找工作是从2010年10月份开始的，虽自知能力不强，但认为机会很多，总能找到一份合适的工作。于是海投简历，但大部分均杳无音讯，即使收到笔、面试通知的也均折戟在前几轮。因此撰写本文只为剖析自身求职过程中的不足之处，供学弟学妹自省。

我主要从四个方面说一下求职过程：简历、求职信、笔试、面试，最后是一点我想分享的小提示（tips）。

一、简历

简历是你的第一份与潜在雇主企业接触的书面材料，其重要程度不言而喻。虽然我们也深知大部分简历可能最后的归宿是垃圾桶，但本着对自己负责的态度，需要认真准备简历。如果简历上有拼写及语法错误，我想如果你是面试官的话，也不会录用。

因此，个人建议，认真准备中、英文简历，英文不好的同学可以在做好简历后，请其他同学帮忙修改。我想你的朋友是很乐意帮这个忙的。

另外，还有一点需要注意的是，不要一份简历走天下，投不同的公司时，请用不同的简历，这样可以提高成功率。比如：投国企可以注明是共产党员，投咨询公司可以多写自己的实习以及社团工作经验。

二、求职信

最近帮公司招实习生，发现很多同学在发来的邮件中正文部分一个字都没有，只在附件中有一份简历（这种简历一般直接淘汰了）。因此，我想说一下，请大家在发简历时，即使不写正规的求职信，在正文部分还是应该写几个字。

三、笔试部分

建议学弟学妹当成一门功课来做，在求职前期可以上网搜索各大公司（特别是500强的，很经典）的笔试题（SHL等等），然后每天有针对性地做一些，我相信大家的智力都很好，因此主要以训练技巧为主。

四、面试

当你顺利通过笔试，接下来就是面试环节，也是整个求职中的关键环节。个人认为面试过程是否优异直接决定着你是否能够被录用。

各大公司的面试方式五花八门，但大部分公司的面试都有两到三轮。当然针对不同的公司、不同的面试官可能喜好不一样，所以难以推荐统一答案，在此，仅描述笔者目前所供职的埃森哲的面试情况

埃森哲一般面试分为三轮：群面、管理层（Manager）面、终面。

1. 群面

去年“群殴”时是分组进行的，一组大概十来个人，分为两组，8个面试官，群面内容为：

（1）自我介绍，这个一般各大公司面试都会有，所以大家可以提前多准备

点中英文的自我介绍。

求职过程中，一位师姐曾告诉我，群面做自我介绍要么就做第一个，要么就做最后一个，我个人觉得还是挺有道理的。做第一个可以显得你主动，有进取心，做最后一个可以多说一些总结性的语言，这样容易给面试官留下一个较好的印象。我在几次群面过程中都是第一个做自我介绍的。

（2）CASE（案例）分析。就是针对一个 CASE 作出分析，两组分别指出对方分析过程中的不足，场面很残酷。不过大家都是就事论事，下来后都成为了很好的朋友。因为没有参加过群面，我在参加 AC 群面前，特地到一家地产公司去霸面了一次群面。

2. Manager 面

在群面结束大约一周左右的时间，接到面试官的电话，告诉我群面通过，下一轮面试会在近期通知。我的经理面是某一周的下午进行的，面我的那位经理就是我群面时面试官中的一位，没什么表情，很淡定。AC 经典的面试环节，面经网上有很多，此处不做详细介绍，具体的内容类似宝洁的八大问，主要还是围绕自己的经历说故事。因此，建议各位同学去外企面试时根据自身的经历编一些小故事，想好每一个故事能体现自己哪方面的品质，然后有针对性地选择使用。

3. 终面

接下来就是终面了，面我的是一位电信行业的老大。他问的内容和经理面基本差不多。不过个人感觉终面时的考察点和经理不太一样，经理主要考察各方面的品质是否适合这份工作，稍偏重于细节，而终面则更看重你提纲挈领的能力。（注：只是个人感觉）

在终面结束大概三周的时间，我清楚地记得是 2010 年的最后一天，我收到了口头 Offer。因为进入咨询公司一直是我的梦想，所以最后我接受了这份 Offer。

五、Tips

当然，还有一些小的 Tips，我放在最后和大家交流一下：

1. 心态问题，不要在求职的大潮中迷失自己，不要因为身边的同学都拿到了 Offer 而焦虑。拿得早的不一定是最好的。相信自己，求职过程中唯一需要做的是表现出最好的自己。

2. 一般单面结束时，我会找面试官要一个反馈。因为我想，即使这次面试官不要我，我也要知道自己输在哪里。当然，如果你遇到一个很正直的面试官，他可能会让你有点难堪，但我觉得这是值得的。

3. Offer 选择问题，这个问题其实我是不该提的，因为我觉得不管怎么选择，在这个问题上是没有对和错的。我只是想和大家分享最近发生的一件事，我的朋友最近问了我一个问题，如果你现在工作不是为了生活而是为了理想，你还会选择现在的工作吗？听到这里，我释然了！

在选择中前行

人物简介： 蔡逍逸，男，2013届国际经济与贸易专业本科毕业生，曾担任国际经济贸易学院分团委副书记，被评为北京市优秀基层团干部，校级优秀学生干部，代表学校参加香港国际青少年合唱大赛荣获金奖，参加北京市大学生艺术展演荣获一等奖，现于雀巢（中国）市场管理培训生项目工作。

一、写在前面

大学四年匆匆而过。大一大二，满脑子都想着要出国，但从未确定出国具体的方向在哪里，所以没有针对性地准备什么。时间一晃到大三，咨询了已经出国的学长学姐，也有和家人商量，于是开始着手准备雅思、GMAT考试，在准备考试期间，兼顾着学院的工作和实习，所以复习进度不尽人意，加之没有确定的出国深造方向，所以越洋梦也就搁浅在了大四上学期刚开学的时候，转而开始了我纠结的求职季。

二、求职季

求职就像选课，充分准备，分清主次，层层递进，靠点运气，也就水到渠成了。

1. 准备阶段

大三暑假我没有过多了解就业的信息，直到“十一”长假回来，才开始着手了解各公司的职位和招聘流程。人生第一份求职简历投得阴差阳错，极其失败，错将简历投到中化的管培生项目，而这个职位只招聘研究生以上文凭，碰巧的是有个认识的2006级学长在中化，后来聊天说看到我的简历，并“遗憾地”刷掉，让我哭笑不得。

有了这样的经历，我开始认真搜集各公司的招聘信息，学校就业信息网、学院网站实时更新校园宣讲进程，就业指导中心短信通知求职相关信息；同时，应届生、大街网为应届毕业生做好了校招时间表，提醒网申的开通和截止日期。通过信息筛选和比较，我决定主要申请市场营销、咨询、国际贸易三个方向的职位，共选定了近40家公司，建立求职进程表，将每家公司的职位、申请时间等信息一一记录。

简历是求职的敲门砖，相比很多同学，我的申请方向较为狭窄，所以我只准备了外企和国企两份简历。根据自己的优势筛选性填写，实习工作描述要有条理，校园工作突出亮点和个人优点，而简历中的每一段经历、每一个细节都要清楚前因后果，不能只有大概，因为面试官可能会问到很细节的问题，不但可以更好地了解你，还能通过你的描述测试表达能力和应变能力。当然，即使是同一行业的两家公司，企业文化、职位要求也会不同，所以我也会尽可能地根据每一个应聘职位修改自己的简历。

2. 申请阶段

职位申请一般分二种：一种有详细的网申系统，需要将很多简历上有的复制粘贴过去，有些开放性试题还要单独填写；另一种直接将简历按要求发到指定邮箱。前者是一件费时又费脑的事情，但同时也是反省大学生活的模板，如果有开放性问题，一般公司都会划入筛选标准，所以注意要仔细填写。后者则按照要求发送等消息即可。而对我来说，网申是件头疼的事情，我选择集中一段时间填几家公司的网申，焦虑的时候就去图书馆四层天台坐坐，听听音乐，静心之后再回来继续。

而投递简历之后，便是漫长的等待，下面就以雀巢市场管理培训生申请为例。

雀巢的网申方向很全面，职能部门和产品部门的岗位分开，不同产品 BU（Business Unit）也有写明方向的管培生项目选择。我当时选择的是市场管理培训生（北京总部）——咖啡市场培训生。

网申后十天左右，我接到电话面试，全英文，简单熟悉对方，面试官会问与雀巢和 Marketing 有关的问题，感觉除了接到电话有点惊慌失措之外，整个对话氛围还是比较轻松的。

一周之内会收到评量中心（Assessment Center）通知，雀巢的 Assessment Center 与我面试过的其他公司不太一样，群面之后便会由不同的面试官带走单面，当时给我的感觉便是新奇和专业，负责校招的面试官严谨的态度和温暖的微笑，桌上摆满雀巢的各类产品，缓解了大家面试的紧张感。群面 8~10 人一场，以 Partner 的互相介绍开场，之后便是案例分析。一场面试会分为两组，分别在不同的房间讨论，结束后是小组展示和提问环节。这一关考察面试者对产品的了解和对市场的分析能力，同时关注面试者的团队协作分工能力。以传统 4P 分析并没有问题，因为在场的应聘者来自不同专业，不能保证大家在短时间内都能了解较多的市场模型，但是怎样陈述，怎样抓住重点、突出亮点，便是需要自己斟酌思考的了。群面之后，两位面试官和一位产品 BU 的面试官经过商议会对在场所有人分组进行小组单面，面试官会就简历上的经历顺次提问面试者，然后抛出一两个关于职业发展规划的问题要求依次回答。

Assessment Center 之后一周左右，我接到了经理面的通知，也是申请之路的最后一面。当天 9 点到公司，面试官安排的两位产品 BU 的经理分别面试我。由于两人都是外国人，所以每人 40 分钟至 1 小时的面试都是全英文。本来我很紧张的，因为长时间的英语对话怕说到自己词穷，但是面试开始以后发现经理会天南地北地聊经历、聊生活、聊大学、聊专业，而之后我发现其实这是面试官为了让面试者放松。之后聊回正题，会非常细致地提问简历上实习工作的内容和收获，然后考察对公司的了解和对产品的认识，并根据应聘者自己的了解分析产品在市场上的表现和未来即将实施的战略。

申请一路走来，我想说的就是做回自己，你就是这场面试的赢家。

3. 关于选择

选择，之所以我要单写一章，是因为就在我接到雀巢 Offer 电话的时候，我还在焦急等待着另一家国企的结果，当时投这家公司是因为专业对口，公司评价高，还有应届生最关心的解决户口。而不久之后，国企的面试官通知我有两个部门考虑录用。

对我来说，这样的选择，无非就是两种完全不同的发展，两种节奏迥异的生活方式。而面对它，一开始，有太多的因素牵制着我，让我一度无法理清思绪去思考。不过冷静下来，我认为雀巢的管培项目能够让我更快地成长，同时能够保持英语的频繁使用，所以毅然签下了雀巢。

三、结语

求职季，侵染了我整个大四上学期，那段时间或失落、或欣喜，只要回到学校，就会有种可以释然的感觉，一切也就不那么纠结了。在学校的这几年，开阔了视野也沉淀了心境，只要选定目标，就要去追，去闯；也只有目标明确，才能走得果敢，引领自我。

遇见贸大，是我今生最美的风景。

谋定而后动　知之而有得

人物简介：徐云婷，女，2014届会计学专业研究生，曾获国家奖学金、全国ETS托业奖学金、金帆财会专业奖学金、综合一等奖学金以及北京市优秀毕业生、校级优秀学生等荣誉称号，现就职于通用电气（中国）有限公司。

"尚好的青春都是你，没有片刻不想你"，又一次走在校园里，那种熟悉，那种自豪，油然而生。在这里，我遇见了终生难忘的良师，遇见了无话不说的闺蜜，我想对你们说：在贸大遇见你，是我今生最美的风景。

此时看到这篇文章的你，即将迎接毕业前的最后一场"考试"，作为一个刚从考场出来的学姐，希望能通过这篇文章让你在面对这场"考试"时，多一分从容，少一分慌乱。

在为这场"考试"做准备时，你至少应该从三个方面入手：第一，技术层面；第二，心理层面；第三，身体层面。

一、技术层面准备

1. 预则立，不预则废

“谋定而后动，知之而有得”、“凡事预则立，不预则废”等等太多古语强调了充分准备的重要性。在求职过程中，充分地准备非常重要。请一定认真准备每一场你已经决定要去参加的笔试和面试，这是对考官最基本的尊重也是对自己的尊重。打酱油的心态只会浪费自己的时间和精力。而由于没有充分准备导致的一次次失败，又会进一步地打击自信心，产生挫败感。

准备笔试时，适当地参考往年的笔经有一定的作用，至少能够了解到目标公司往年笔试的形式、题型和大致范围，从而确定自己的复习方向。然而完全依赖笔经实不可取，如果一旦笔试内容更改，就会措手不及。因此，建议在完善自己知识体系、提高专业水平的基础上，参考前人笔经，重点复习突击，总结每次笔试的经验，积累知识点。

准备面试时，参考面经的风险较大，不要轻易听信某个公司喜欢某种类型的人的传言，更没有必要为了通过面试把自己伪装成这样的人。做真实的自己，表现出自己最优秀的一面，让经验老到的面试官去挑选，相信他们的专业水平，一定会慧眼识金，一定会挑选到最合适的人。但是这也并不意味着面试不需要准备。在参加面试前，你需要静下心来认真地分析自己。某个阳光明媚的午后，坐在图书馆靠窗的位置上，一张白纸一支黑笔，想清楚自己的优点、缺点、特质、想要什么、在意什么，过往有哪些例子可以为你的称述佐证，建立一个属于自己的 Q&A 库，并在一轮轮面试后不断总结，完善自己的答案。

2. 广撒网，重点捕捞

至于投简历是要海投还是精投，每个人可能都有自己的看法。我个人认为需要广撒网，重点捕捞。所谓“广撒网”并不是指所有的公司都要投，而是在投简历之前，我会问自己：如果这个公司给了我 Offer，我会去吗？如果答案是肯定的，那我就会认真投出简历。如果答案是否定的，就没有必要去浪费时间和精力。当然，会不会去的标准不能定得太高，在目标公司中，需要拉开梯度，要有最理想的公司，也有涵盖到可以接受的最下限，这样才不会把鸡蛋全部放在一个篮子里，从而分散风险。所谓“重点捕捞”是指人的精力和时间都是有限的，完全平分精力不可能也不明智，对于自己的理想公司，要给予更多的时间充分准备。

3. 求职小组

与谁同行比去向哪里更重要。求职过程中，与志趣相投的小伙伴组建求职小组，共同面对求职过程中的欢喜与痛苦，是件非常美好的事情。求职小组的成员之间可以互相交换求职信息，更新求职状态，交流求职心得，甚至可以进行模拟面试，观察别人的表现，互相点评，互相学习，积累面试经验，提高面试技巧。同时，在这个过程中建立起来的友谊是非常深厚的。

4. 求职进度表

在求职的过程中，建议用自己喜欢的方式记录求职的进度，包括每个网申的用户名密码、每一环节的时间、申请状态、从而清晰明了地看到总的求职进度，避免错过重要的时间点。

二、心理层面准备

1. 合适的才是最好的

找工作就像找男女朋友，没有完美的，只有合适的。别人的工作也许看起来光鲜亮丽，可你真的喜欢么？你真的适合么？在作出决定之前，请一定认真想清楚你到底想要什么样的生活。可能你无法对你想要的生活有一个具体的描述，但是你应该可以大致想清楚那是一种什么样的状态，忙碌或是悠闲、空中飞人还是地点固定等等，根据自己想要的生活，选择合适的工作。让一个习惯每周都去看开心麻花话剧的姑娘去做空中飞人，即使工作再光鲜，工资再高，也未必幸福吧。

不是所有的笔试面试结果都能如意，这个时候，首先要反思、总结，有没有可以改进的地方；其次，要记得，很多时候都不是因为自己不够优秀，而是和这个公司不够合适，不够有缘分。这个时候，放松心态，为下一次机会做好准备。

2. 持久战，不放弃

每个人的求职季基本上同时开始，但一定不是同时结束。有的人很快就找到心仪的工作，提前结束了战斗。可是，有的时候，偏偏你喜欢的公司不喜欢你，喜欢你的公司你不喜欢，就一拖再拖。不过，一定不要着急，这也许是一场持久战，考验你的耐心和毅力，请不要放弃，还有机会在前面，只要你做好准备，积极面对，属于你的那个“它”就在街角的拐弯处。

3. 有舍才有得

在求职季，我个人不建议长时间高强度的实习，尤其是无法承诺能留下来的实习。笔试和面试都需要大量的时间和精力认真准备，如果因为实习耽误了准备的时间，错过了机会，就会得不偿失，所以这个阶段，有舍才会有得。

三、身体层面准备

良好的身体状态是找到合适工作的前提条件，求职的过程或长或短，可能会很煎熬，很痛苦，需要健康的身体作为支撑。平时利用空闲的时间，多锻炼，跑步、健身、游泳等等，培养自己的兴趣爱好，不仅能锻炼身体，增强体质，还能当压力增大产生焦虑的时候，用自己的方式排解、发泄、调整心理状态。

最后，我想祝福每一位同学，拥有你们抑或平淡抑或精彩、但都幸福的人生。

企业求职之民企篇

不忘初心　方得始终

人物简介：周超逸，女，2013 届金融专业本科毕业生、2015 届金融硕士研究生。曾经于埃森哲（中国）有限公司、德勤华永会计师事务所、梅赛德斯—奔驰（中国）汽车销售有限公司等单位实习。现就职于阿里巴巴（中国）有限公司财务部。

一、我的大学生活

2009 年的秋天，我踏入美丽的惠园，没想到一晃就在这里度过了六年。六年的惠园时光以大三的暑假为界线，在大一到大三的这段时间内，我的大学生活有三个关键词，分别是学习、学生工作、交换生。大四到研究生的关键词则是实习。

首先说学习。虽然现在大学生的就业压力越来越大，很多学校，尤其是财经类学校的同学往往很早就开始实习，但是我认为学习仍然应该是大学生活的主旋律，扎实掌握本专业的知识，尽可能地选修感兴趣的公共课程，有效利用贸大这一广阔平台来获取各种资源充实自己。虽然说有“四大”这样在笔试阶段不考察专业知识的公司，但是仍有不少优秀的金融企业会在笔试和面试阶段考察专业知识。

除了专业知识的学习，英语也十分重要，外企的面试中英语的重要性不言而喻，我曾经在 Bloomberg 和埃克森美孚遇到过全英文的群面和单面；而中国公司随着国际化程度越来越高，对求职者英文水平的考察也越来越重视。贸大本科有 26 学分的英语课程，再加上 DynEd 这一神器，我们完全可以保持“贸大同学英语好”这一优良传统，让良好的英语水平成为求职过程中的加分项。当我在 Bloomberg 的群面中，面对着麻省理工大学、伦敦政治经济学院、牛津大学的竞争者，我格外感谢那些每天在宁远大厅刷 GRE 红宝书的日子。

其次讲学生工作。在大一大二学习压力还不是很繁重的时候，可以有选择地加入学生组织。一来可以锻炼自己各方面的能力；二来可以认识一群志同道合的小伙伴；三来可以认识优秀的学长学姐，他们的经验会成为宝贵的财富。我在大一就加入了国际经济贸易学院学生会的宣传部，负责学生会举办活动的前期宣传工作，同时也承办了诸如摄影展、园游会等活动。这段经历虽然对我找工作没有太直接的作用，但是从中获得的为人处世的技巧却是一份宝贵的积累。

最后说交换生。贸大的国际化除了体现在有数量庞大的留学生群体以外，还体现在有丰富的国外交换的机会。我在大二的下学期开始着手准备大三交换的事宜。从 2011 年 8 月到 12 月我在美国的南伊利诺伊大学度过了难忘的 4 个月。首先，这段国外的经历大大提升了我的英语水平，尤其是听力和口语，以前只是在学习资料中接触到美式口语和英式口语，但是在现实生活中，会遇到各式各样的口语，至今仍然记得中级宏观经济学老师销魂的印度口音，同时全英文的环境也迫使我开口用英语进行交流。其次，这段经历丰富了我的阅历，利用学校的假期，我游历了美国多个大城市，去了每个学金融的同学心中的圣地“华尔街”朝圣，还到哈佛大学、哥伦比亚大学等多个高等学府进行参观。在美国的经历让我接触到了很多不同经历的人，这让我重新调整了自己的心态，我不再盲目地跟风，不再盲目地考证、参加比赛，而是停下来问自己我到底喜欢什么，到底想要什么。

二、我的实习经历

从大三暑假开始到研究生找工作前夕，我一共有过四段实习经历，基本以咨询和财务领域为主。

第一段实习是 2012 年 7~8 月在德勤华永会计师事务所。在大三的下学期，我申请了德勤华永会计师事务所的暑期实习生并顺利地拿到了 Offer。当时我在德勤的审计部门的金融组，在暑假的两个月中参与了国内某大型券商的 IPO 审计。这份实习的工作很基础很琐碎，但是对于整个审计过程却十分重要，也掌握了诸如打印、复印、归档、数据处理加工和沟通等非常实用的工作技能。很多同学都抱怨实习工作太无聊，然而我认为能把普通的工作做好同样也是能力的体现。这份实习是我走出象牙塔接触社会的初体验，一方面初步培养了工作中所需要的软技能，如沟通能力、解决问题的能力、处理多项任务的能力等等；另一方面让我对财务这一领域产生了浓厚的兴趣。

第二段实习是 2012 年 9 月 ~2013 年 3 月在梅赛德斯—奔驰（中国）汽车销售有限公司。

在德勤做审计的经历，是从一个外部第三方的角度去看一家企业的财务，因此当我结束这段实习的时候我决定找一份甲方公司的财务实习，换一个角度更加深入地认识一家企业的财务工作。德勤的实习经历和良好的英语口语能力让我从超过 80 份的简历中获得了面试机会，并最终获得了 Offer。

然而，当我开始这份实习才发现工作的内容和我的预期有所差距。这份实习的主要工作是支持销售部门的促销活动，而不是我所预想的能接触到企业账务。但是我仍然从这段经历中学到了许多：第一，了解了一家典型的商贸行业企业的部门架构设置以及财务部门在其中的地位和作用；第二，6 个月的全职实习让我接触到了全职工作的场景；第三，体会到了财务与业务的微妙关系，财务作为一个支持部门，需要服务好企业的业务部门，同时又要保持一定的独立性与合规性；第四，学会了如何把英语当成工作语言，我的直接主管是一名德国人，在工作中经常需要和外国人打交道，典型的大外企环境让我感受到了全英语的工作氛围。

第三段实习是2013年4~6月在安永（中国）咨询有限公司。在奔驰实习期间，我认识了一位来自安永咨询的分析师，当我从奔驰离职后不久，他就问我是否愿意去他的团队实习，于是就顺理成章地加入了咨询行业。第四段实习是2013年9月—2014年1月在埃森哲（中国）有限公司。如果说安永的咨询更偏业务，那么埃森哲的咨询更偏战略。咨询行业的快节奏、高强度让我在短时间内快速成长，从刚刚接触一个全新的领域到成为这个领域的顾问，而这一切都是建立在快速收集信息、整理信息、数据分析、运用各类模型的能力上。

以上就是我的实习经历。首先，实习经历并不是机械的堆砌，而是根据自己以后的职业目标有规划地去找，可以在甲方和乙方同时尝试，可以国企和外企同时尝试，由浅及深，有所递进。其次是心态的问题，常常听到同学抱怨实习工作很枯燥很琐碎，但是学习的机会一直都有，关键在于如何去把握。你可以向主管提出心中的疑问，可以和别的部门的实习生多多交流，可以在复印的时候把文件认真阅读一遍，只有真正当你用心去做的时候，才能感受到每一段经历的价值。

三、求职的定位

在进行求职定位之前，首先谈一下心态的问题。找工作是一个持久战，有一个良好的心态十分重要。毕业的时候大部分同学都能找到比较理想的工作，结局都是好的，但是过程却有各种酸甜苦辣。所以，如何在找工作的过程中管理好自己的情绪是非常重要的一点。既不要好高骛远，为自己制定过高的目标；也不要对自己失去信心，放弃每一个尝试的机会。在此基础上，结合就业市场的现状和自己的实力，为求职定一个合理的目标。

其次，现在的就业市场竞争到底有多激烈呢？找工作之前，每次看到新闻说大学生就业难时也许还没有特别大的感觉，但是当自己投身于劳动力市场时就会发现这完全是一个买方市场。就拿2015年阿里巴巴的财务培训生来说，收到的简历超过5 000份，而最后发放的Offer数量不到20个，用百里挑一来形容也不为过。这仅仅是对专业有所限制并且工作地是在杭州的一个岗位，像“四大”、银行这种基本不限专业的岗位，尤其是一线城市的岗位，竞争程度可想而知。因此，千万不要对就业市场抱有过分乐观的心态，尤其是在就业市场上处于相对劣势的京外同学、女生、本科生，更要看清现状。

第三，讲讲我自己的求职定位。基于我个人的兴趣和之前的实习经历，我把自己的求职目标定为大型企业的财务岗位，不限行业。考虑到就业市场竞争之惨烈，“四大”、银行、咨询公司、企业的战略分析岗也一并纳入我的可接受范围。由于个人原因，就业的区域定位于上海或者杭州。在贸大我遇到过很多人问我，在非北京的城市是不是存在贸大不被人熟知的情况，这里可以非常明确地作出答复，至少在上海和杭州，贸大的知名度并不比北京低。从我开始投简历到求职结束的两个多月的时间里，我拿到了超过 50 个笔试或面试机会，包括银行、“四大” 和若干非常知名的外企。

四、关于找工作与 Offer 的选择

现在再来回顾我的求职季，只想说两个关键字。

第一，早。现在的情况是，校园招聘越来越早，尤其是互联网企业基本在暑假就开始校园招聘，而阿里巴巴 2016 年校园招聘更是从 7 月 1 号就开始了。所以，暑假期间不要全部精力投身于实习、论文和假期，适当关注一下招聘网站。另外，校招的提前意味着在暑假前就应该做好准备工作，撰写简历，练习英语口语，做行测笔试题，对面试的高频问题进行整理回答等。

第二，海投。虽然之前提到了求职目标，但是并不是每个人都能如愿找到最满意的工作，再者，考虑到就业竞争的激烈程度，在求职的初期，海投十分有必要，一来练习笔试和面试，二来争取保底 Offer。海投意味着不要拘泥于行业，虽然我是金融专业，但是除了金融、财务、咨询领域以外，我还尝试过快消、互联网、制造业、能源化工、运营商等多个行业；海投还意味着不要拘泥于任何岗位，只要是不限专业的岗位都可以进行尝试。比如我曾经投过网易游戏的业务发展岗，虽然由于背景不太符合在终面以失败告终，但是面试的经历让我收获了很多，尤其是二面，在近 3 个小时的过程中需要独立进行案例分析，从信息搜集，到框架搭建，最后进行陈述，在这种快节奏和高强度的环境下，顺利通过面试，让我对后面找工作有了更多的信心。总之，在求职初期要切记，任何 Offer 的选择都是建立在稳拿若干 Offer 的基础之上的。当手上有一两个可接受的 Offer 之后，可以根据自己的求职目标，选择性地投递简历。

我对 Offer 的选择比较简单。11 月初先后拿到了普华永道的审计 Offer 和阿里巴巴财务培训生的 Offer。选择后者的原因，一是出于我对互联网行业的热爱和兴趣，二是管培生导师带教、轮岗的培养体系更吸引我，最后考虑到杭州距离我的家乡也比较近，就选择了后者。

最后寄语学弟学妹一句话，不忘初心，方得始终。祝大家都找到满意的工作！

自主创业篇

值得去的地方都没有捷径

人物简介：滕菲，女，2015 届电子商务专业本科毕业生，在校期间担任 SAP 学生俱乐部主席、校学生会体育部副部长、校游泳队队长、银鲨泳协会长，连续三年获得校级一等奖学金、校优秀学生、专业综合排名第一，并获 2014 年第四届全国大学生电子商务“创新、创意及创业”挑战赛北京市二等奖。毕业后创立北京西子科技有限公司（经营“轻衣说”精选原创设计服装杂志，致力于打造最亲民和有趣的原创设计服装精品交易网站）。

有人说：就短期来看你会为你做过的事情后悔，就长期来看你会为你没做过的事情而后悔。也许在这创业的一年中我无数次后悔过、动摇过，但是现在回头看依然庆幸自己当初的选择。

一、选择

“选择”这是一个让我又爱又恨的词，其实一直觉得自己是个蛮纠结的人，什么都想要但却没有能力什么都要得到，所以“选择”对我来说是一件比较痛苦的事。大三下学期开始，当身边所有人都开始为自己早已选择好的目标准备、努力时，我却成了一个不知道该做什么的人，所以这个月我还在想着毕业后成为国贸擦得比脸还干净的玻璃墙里的一员，下个月就在安于现状准备保研了，而大四开学经历过一段实习生活的我则在准备出国的各种材料和成绩。看似充实的生活却让我十分不安，因为我没有一个可以让自己付出全力的目标，做任何事情都没有动力和定力。

我并不是一个有着创业情怀的人，相反在我已经走过的 21 年人生中从没想过自己会走上创业这条路，但当迷茫踌躇的我听到身边同院的朋友有创业想法并很想将它实现时我心动了，这时的我是纠结的、不安的。我和那个朋友聊了很久，也特意回家和父母导师聊了很久，印象很深刻，在我回到北京的时候我终于有了一个能让我下定决心付出全力的梦想。如果现在让我给同样纠结没有明确目标或者想创业却没办法下定决心的学弟妹们一些意见的话，我想只有一句话：趁年轻想做就去做吧，只要尽力，没有后悔。

二、也许有时你会动摇

也许有时你会动摇，创业辛苦大家都有所耳闻，对于我们而言主要有以下几个需要克服的困难吧：

1. 心理上的迷茫和决心的动摇

放在首位的一定是心理上的迷茫和你自己决心的动摇，这部分有实际的工作强度的因素，也有周围亲人朋友社会带来的压力。“值得去的地方都没有捷径”，不要以为创立了自己的公司、不用准备出国考试、不用准备面试、不用考研的日子就有多轻松，可以说创业绝对是我经历了保研、找工作、准备出国后觉得最辛苦的一件事。创业者没有假期，因为你的每分每秒都是为了自己去奋斗，你敢休息吗？敢浪费吗？当公司小到只有你和你的几个同学时，你就要身兼数职，你有指定的任务但是并不是任务完成了就可以下班了，只要公司还在，你的项目还在运作，那么任务随时而来，工作也得是每分每秒。当大四下半学期真正的毕业季来临，你看着身边的同学一个接着一个地拿着 Offer，看着他们都有明确的去向后开始了人生中只有一次的毕业旅行，而你在没有明确前方的路上还能继续不忘初心、坚持自己的初衷吗？

2. 团队成员

大学生创业基本上团队成员都是自己学校的同学和朋友，我们也是一样，最初5个人都有着创业的激情，便没想太多就走到了一起，开始了项目。但是一路走来就职能分配这个部分我们就遇到了很多困难。后来听社会上有经验的创业者说一般比较成功的创业团队是先有了各种资源，首席执行官（CEO）、首席技术官（CTO）、首席财务官（CFO）什么什么各种“O”，还有投资人这个大头，当然起码要先有那几个“O”，然后这一群各有所长的人聚在一起才开始想点子，有了好的idea（想法）再一起各司其职发挥所长把项目做起来。我觉得这在大学生阶段很难实现，尤其是我们这样全学校几乎学着一个专业的财经类院校，我想很多团队都会有这个问题，就是找不到CTO，团队里没有做技术的人，甚至没有懂技术的人。当初我们大概花了整个项目的前两个月来找CTO，算是个比较大的时间支出，希望以后学弟妹们创业前能够想到这个问题，提前做好准备。

当然团队中每个人的坚持与决心也同样是项目是否能继续下去的关键，每一个人的决定都会影响着整个团队，最初我们还没有转型的时候就有一个人退出过，其实这个时候对留下来的人就是一种很大的考验，当时我们剩下的四个人为了避免大家各自私下“想太多”，就一起开了个项目评估会，然后决定四个人都坚持下去不放弃，慢慢地做项目转型。

3. 大学生的身份不容易被信任

“大学生的身份不容易被信任”这一点是我感受比较深的，但同时我也感受到这种观念正在慢慢改变。最初组成团队开始创业，被身边人知道的时候总是饱受质疑与不解，大家普遍的思路是“一个大学生，找个好工作更实在”。确实，身在贸大，毕业找一份理想的工作并不难，出国深造也不难，因此大家不理解你为什么选择这样一条路。同时，最初我们找CTO的过程中也发现，大学生在社会上还是很不受信任的，没有经验，没有阅历，“什么都不懂什么都不会”基本可以概括成社会人给我们贴的标签，但是随着国家“大众创业，万众创新”的提出和社会上越来越多年轻创业者的成功，社会也越来越接受了我们这些年轻人。

三、这些足够让你坚持

1. 我们是大学生，我们可以异想天开

这个部分主要就是想讲讲我们大学生创业的优势。“思维”是我们最大的一个优势，我们还没有进入社会，没有被流水化的工作同化，没有被很多框架禁锢思想，因此我们有更多的机会，我们的想法也更多地为社会上的投资人所青睐。

2. 国家政策导向，学校和老师们给我们支持

从我决定放弃毕业深造和就业开始，身边的亲人、老师、朋友甚至学校都给了我很大的支持，在我十分迷茫不知道到底该不该走这条路时，我的导师给了我很多的意见和指导，所以也同样建议学弟学妹们，我们身处贸大，有这么多阅历丰富的老师、学长、学姐，我们要充分利用这种优势，不懂的、迷茫的地方就多问问，多找他们聊聊。

这一年真的非常感谢学校给予的各种支持，学校为我们提供了一个非常好的创业环境，有许多资助的项目，这为本来资金不充足的我们提供了很好的帮助；同时，今年 5 月也成立了属于贸大人的创业交流空间——求索创客，学校里的创业者都可以在这里交流经验，还有专业的导师对创业者进行指导，这些帮助让我们少走了很多弯路。

四、总结

总体来说，创业对我而言也只是一个刚刚开始的小事业，所以也谈不上给学弟学妹讲什么经验，我只是想告诉大家，我们都还年轻，我们都还输得起，如果有好的机会，心里也有这样的“小冲动”，那不妨就去试试。也许我的这篇文章倾向于讲一些创业中的困难，那只是想让你们了解创业并不是件轻松的事情，“值得去的地方都没有捷径”，但是这个地方真的值得去。

坚定成长　不负时光

人物简介：陈铭哲，男，2015届金融硕士毕业生。在校期间获校一等奖学金，创立学立方考研培训项目，获北京市优秀创业团队。现就职于首钢总公司海外事业部。

受就业指导中心之邀，我来写一篇文章回顾一下自己近两年的生活，尤其是创业经历。学校对我有再塑之恩，就业指导中心、金融学院的各位老师对我帮助颇多，我欣然应允。

2013年4月，我被金融学院录取。也正是在考研过程中，我发现专业课中严重的信息不对称问题，试听了其他考研机构的专业课之后，觉得他们讲课质量普通，收费又贵。5月，我便和另外两位朋友一起成立了一家教育公司，专注于考研专业课在线培训课程。我们的子品牌——经管教育——可能有一部分同学会听说过。我们在回龙观租了一个房间来录课，9月课程上线。一路走来，作为一个创业项目，没有什么光鲜的天使投和a轮，也没赚到什么钱，并不是很成功。但作为漫长人生道路上的创业起点来说，我确实受益良多。在这里我少提成功经验，多谈一谈教训和思考，希望对大家有所启发。

在线教育的企业可以分为两派，传统派和互联网派，传统派是传统的教育机构转过来的，比如新东方e课堂、东奥会计网校、尚德的网络本科，特点是有一定的口碑，有经典的教材和一大票“名师”，内容丰富。互联网派的一般没有线下根据地，像yy上的一些课程、猿题库、爱考教育等，靠免费的部分内容来吸引用户，然后附加收费服务，在内容上是没有传统教育机构丰富的。我们给自己的定位是独立产生内容，我们自己制作课程进行销售，走差异化路线，力求在细分上做到最好，比如金融硕士的考研课程，贸大、央财、人大的课程我们都是分开录制的。过于细分市场的结果是耗费了非常多的精力，这点稍后我也会提到。刚开始做对贸大的辅导，我们没有花任何广告费，全部通过QQ群进行推广。群里有400多号人，大概有80多个人买了课程，转换率很高。转换率高的原因一来是课程定价便宜，二来课程制作是我亲自操刀，做到了当时同类最好。后来，我们顺利地进行了线下课程的辅导，辅导的同学复试通过率是100%，当时心里还是有点小激动的。等到第二年，我们对项目模式进行推广，对其他高校和科目进行覆盖。扩张的时候，问题来了，我们对于其学校的情况了解一般，只能通过聘请的专人来进行推广，虽然给这些雇员有一定提成，但是并没有起到应有的激励作用，他们满足于拿基本工资，不愿意花大量精力做沟通，所以转换率就不尽如人意了。我们针对群体极为分散，单个课程市场容量比较小，制作课程也是费时费力。虽然在做在线教育，却做了和互联网思维相悖的事情，互联网的特点是边际成本很低甚至为负数，我们过于细化的结果是提高了边际成本。如果想做到针对化甚至个性化、定制化，那就需要高单客价支撑，低价线路是走不通的。教育行业很有意思，门槛不高，但对品牌和渠道要求很高，这两点我们当时没有做好。后来我们团队的三个人面临着各自发展道路的选择，但共识是，公司发展速度和营收远远没有达到预期，最后引入了新的团队来进行传承。

过去的两年里，我们录制了300小时的课程，制作了将近5000页PPT，初步搭建了一整套的在线购买支付流程。对于有创业志向的同学，接下来我说一下我们“折腾”出来的几点反思：

1. 对自己坦诚，问自己“我是否真的要创业”

对待创业的态度决定了你投入的金钱成本和时间成本，如果只是想玩一玩，体验一把创业的感觉，那就不要投入太多的时间，更不要抱太大希望。我建议就算是最后不一定要把创业坚持下去，至少态度要认真。不要只熬夜写个商业计划书，后面的事情就都不靠谱。最好是能够自己投点钱，别太指望比赛和补贴什么的，自己都不愿意投钱的项目是没有前景的。只要大家态度认真，随着项目的深入，是可以变成真正创业的。创业需要狭路相逢的勇气，全职投入很有必要。这次与我们做竞争对手的某教育机构其实很多地方不如我们，但他们只要失败了，就没有饭碗了，所以他们全力以赴，体现在行动上，就是比较有延续性和攻击性。我们三个作为在校生气势和时间投入上都弱了一筹，所以做得没有他们好。想要认真创业甚至创业成功，一定要做好付出的准备。

2. 创业需要积累，心态要豁达

很多人都说自己将来要创业，先积累一下经验，那么什么时候才算是积累够了呢？如果你能在一个领域超越大部分专业人士或者有信心能够超越他们的时候，再考虑在这个领域创业会比较靠谱。比如我之前所做的考研课程，那就是当时市场上最好的课程，这是底气。成为超越大部分专业人士或者具备相应的潜质需要积累，我见过拿着树枝坚持练字几十年、即使在火车上也不放弃的花甲老者；也见过带着个乾隆年代的青花瓶四处寻找炒作机会的不惑之年的男人。像练字，能超越 99% 的人，你可以出山了，最不济摆个摊子帮人写姓名诗，这个过程可能需要几十年；玩古瓷，能够看得比大部分人准，也可以赚钱了，大概也需要七八年的磨炼和走眼。创业这件事，有姜太公这样六十多岁才出山的创业者，也有已经打上了九零后、九五后标签的明星创业者，在准备好之前，我们要做的就是做个有心人，来日方长。

3. 组建好高执行力的团队，合理分配股权

大学生团队创业一定要明确一点，大家是来做事情的，不是来打酱油的。很多同学没有工作经验，自由散漫，有初恋般的热情，但无法转移到做事上，这也是很多投资人不看好大学生创业的一个原因。所以初始团队核心成员要精

挑细选，执行力要强。在项目开始运行的时候，重要的事情一定是团队核心人物自己做的，这是创业团队的必经阶段，无法通过招聘来解决。骨干成员要具有一定互补性，技术人员最好是创始人之一，对投资人说我现在团队什么都全了，就差一个码农了，这是很不靠谱的借口。一个创始团队中如果没有懂技术的人，那就无法鼓舞和监督聘用的技术人员。创始团队中也要做到股权清晰，为了防止在产生分歧时由于各成员股权比例相当僵持不下，建议领导者要占40%以上股权（话语权），这样在公司做决策的时候才能形成统一意见。如果计划得更为深远，可能要考虑1/2投票权和重大事项2/3投票权的问题，在此不做具体展开。

4. 重视市场开发，做好销售工作

很多项目都死在了市场上，企业初创阶段更是如此。在落实一个idea之前，很难知道它到底能否行得通。ios的appstore中，有83%软件是僵尸软件，开发出来容易，却没有拿到用户。试想，在线下，O2O为了开拓市场，甘做活雷锋，各种补贴；教育行业为了开拓市场，常年霸占食堂布告栏；在线上，流量争夺也非常激烈，每被多关注一些，可能都意味着多花了一点钱，市场岂是那么容易到手的。创业初期的时候，要走线上还是线下，准备投入多少钱，怎么进行营销，是一定要想清楚的，不要等项目开始了很久才发现没法赚钱。

5. 大处着眼，小处着手

从商业逻辑来讲，大部分人开始创业当然是从自己最熟悉和擅长的事情着手，比如之前做水果O2O的“早安水果”，唱歌唱得很棒的姐妹花做的音乐和电影公众号“HM幻想日记”，还有某S型曲线姑娘做的品牌“C+”，他们本身都是过来人，推己及人，长袖善舞。做自己熟悉的事情，更有把握成功，但不要因此局限了自己的视野，“经纬杯”创业比赛的时候，有导师一针见血地指出——参赛选手不要太局限于学校内部，说得很委婉，其实是参赛选手定位太窄，只看到了学生市场，没有大的前景。如果各位同学仍想把创业定位在学生市场，要认真考虑项目市场规模与拓展问题。

结语

现在国家号召大众创业，万众创新。从国家层面上讲，只要你去创业了，就会产生投资，就会拉动经济，基数大了，也会产生一批开拓性的企业。但对于个人来讲，是没有什么概率性可言的，时间宝贵，试错有限，一定要权衡好学习、工作和创业的关系，不要丧失了学习的大好时机。如果做好了创业准备，那欢迎加入创业大军，体验其带来的刺激与挑战。商科学生很难主导高技术壁垒的创业，我们更大的可能性在于商业模式的创新，这需要敏锐的市场嗅觉、天赋、对行业的观察和思考，这点大家要明白。

除了一部分人想创业，可能更多的人都想去做投资。不管创业还是就业，希望大家一定要培养一些产业相关的知识，推荐一下吴小平的一篇文章《告全国金融新青年书》，语气调侃了些，但还是很有启发性。传统金融会越玩越难玩，以后的趋势一定是和产业投资结合起来。举个例子，电视剧《花千骨》是小说改编的，投这部电视剧，作为投资人除了要考虑原作可塑性、电视剧版权费收入之外，还要考虑相关游戏带来的收益，以及接下来搬上大银幕的可行性，至于细节问题则更是多多。现在好项目一大堆人要跟投，想准确定价就要看大家谁对产业的理解深。这两年常春藤商学院的毕业生越来越多的人放弃了去投行的机会，转向硅谷的高科技公司，钱不少拿，更重要的是看中了新兴产业的机会。这类工作虽然比较偏好理工背景，但商科也不是完全没有机会。大家也可以看一下这篇文章——《如何在一周内摸清一个行业》，对如何弄清楚行业有一定帮助。不过这里所谓的摸清很浅显，想进一步提升，需要一些硬知识和积淀。

作为刚刚毕业的校友，我此刻无比羡慕还在学校的你们，你们有着巨大的可塑性和潜能。

惠中大道上节气变幻，老树又发新芽，祝你们坚定成长，不负时光。